省级精品课程高职高专选用教材·经济管理类

经济法课程随堂练习（第二版）

JINGJIFA KECHENG SUITANG LIANXI

主　编　王丽萍
副主编　杨成宇　邵雪飞　王军

西南财经大学出版社

编写说明

为了适应社会对技能型人才的需要，教育部明确提出要大力发展高职高专教育。这促进了高职高专教育的迅猛发展，并逐渐形成了与普通高等教育并驾齐驱的态势。但高等职业教育有其自身特点，在教育理念、教育体制、教学内容和教学方式等方面与普通高等教育模式存在较大差异。高等职业教育培养目标十分清晰准确，即定位于培养高技能应用型专门人才。高职高专要办出特色，在教材建设上，就是要能准确体现高职高专特色，能尽快反映企业或行业发展的最新成果。

原有的高职高专教材，对过去的高等职业教育起到了积极作用。但内容陈旧，不成体系，与当前的就业市场联系不够紧密，实用性和实践性不强，职业特色不够鲜明，已不能满足高职高专教育发展的需要。因此，编写一套具有高职高专特色的系列教材有重大的现实意义。

鉴于此，我们与西南财经大学出版社合作，组织了成都航空职业技术学院、四川商务职业学院、成都职业技术学院、四川交通职业技术学院、四川电力职业技术学院、四川托普信息职业技术学院、四川天一学院、四川管理职业学院等学院的老师共同编写了高职高专财经专业系列教材。

该系列教材编写的指导思想是：第一，根据高职高专教育的特点，以职业岗位群或行业为主，兼顾学科分类；第二，以服务为宗旨，以就业为导向；第三，坚持与“双证制”紧密衔接；第四，遵循继承、突破、创新和超越的原则，着力向精品化、立体化发展。本书融入了国内相关院校的先进教学成果，并且借鉴了相关优秀教材的编写方法，以学生就业所需的专业知识和操作技能为着眼点，突出高职高专教学的实用性和可操作性，强化实际训练，尽可能做到“教师易教，学生乐学，技能实用”。

为了编好该系列教材，在西南财经大学出版社的支持下，我们进行了多次磋商、讨论。首先，成立了由成都航空职业技术学院副院长陈玉华教授任主任，四川商务职业学院副院长许丹雅副教授、成都职业技术学院副院长凌红副教授任副主任，其他院校主管教学的副院长和相关负责领导参加的编委会。在编委会的组织、协调下，规划了第一批财务与会计 、工商管理 、物流、旅游管理、计算机（含电子商务）、财经基础、统计、法学、国际商务等十大系列三十余种教材。下一步根据各院校的教学需要，还将组织策划第二批教材，对该系列教材加以补充完善。其次，为保证教材的编写质量，在编委会的协调下，组织各院校具有丰富教学经验并有副教授以上职称的教师担任主编，由各书主编拟出大纲，经编委会审核后编写。同时，每一种教材，都邀请了不同院校的教师参加编写，以取长补短。

经过多方的努力，该系列教材终于与读者见面了。在此，我们对八所院校领导和相关工作人员的大力支持，对各位作者的辛勤劳动以及西南财经大学出版社的鼎力相助表示衷心的感谢！

高职高专财经类系列教材编委会

2006 年 7 月

第二版前言

《经济法课程随堂练习》是根据经济法学科的理论研究前沿和发展动态，按照最新的法律制度编写的与《经济法》教材配套的辅导书。本次改版，取消了原第八章《保险法律制度》的习题和答案，并对其他章节的内容进行了完善和修订，及时更新和补充教学内容，确保经济法教学内容的新颖性。

《经济法》教材从2006年8月第一版的出版至今已经历时五年时间，在此期间，一直受到各高职院校经济管理类专业师生的欢迎。在此，我们对大家的支持和厚爱由衷地表示感谢，并希望贵学校继续提出宝贵的意见和建议。

2009年度由我院四川电力职业技术学院的教师建设的经济法精品课程被评为四川省省级精品课程，课程选用的正是本教材。该教材现正在申请省级精品教材和国家十二五规划教材，这将使我们的教材在建设中不断修订和完善。

我们的经济法精品课程网址：

http：//www.kc.sc.sgcc.com.cn/jjf/. 广大师生从本网址可获得相关的课件、案例、习题等教学资料。

再次感谢西南财经大学出版社的指导和支持，感谢广大教材使用者的关心和厚爱。

编　者

2011年5月

前 言

经济法是一门实践性很强的学科，高职高专的学生在学习经济法知识时，不但要求掌握其基本概念和基本理论，更需要具有分析问题和解决问题的实际能力。

本书是《经济法》教材的配套练习。编写的宗旨是增强学生的法律实践知识和操作技能，培养学生运用法律知识解决现实问题的能力。《经济法课程随堂练习》具有以下特点：

(1) 题型多样，内容丰富。本练习按章编写，与《经济法》教材同步，其内容包括名词解释、填空题、单项选择、多项选择、判断题、简答题、案例分析七个部分，并附有全部练习题的参考答案，便于更好地满足老师教学和学生学习的需要。

(2) 深浅适度，贴近实际。对学生的知识培养以“必需、够用”为度，重点在于理论联系实际，习题的内容更适合高职高专管理专业和其他专业的学生使用。

其中，案例讨论题大多取材于经济活动中发生的真实案例，具有较高的参考价值。

本书由王丽萍任主编；杨成宇，邵雪飞，王军任副主编。各章的执笔人员依次如下：第一章由杨成宇编写，第二章由马晓英编写，第三章由邵雪飞编写，第四章由雷春编写，第五章由王玫编写，第六章由姚会平编写，第七章由王丽萍编写，第八章由余迪意编写，第九章由王军编写，第十章由王东编写，第十一章由邵雪飞、何真编写。全书由王丽萍总纂、修改后定稿。

由于编者水平有限，加之时间仓促，书中的缺点与不足在所难免，敬请读者批评指正。

编 者

2006 年 6 月

目　录

第一部分　练习题

第二部分　参考答案

第一部分
练习题

第一章　经济法概论

一、名词解释

1. 法的概念　2. 法律关系　3. 法律责任　4. 宪法
5. 代理　6. 诉讼时效　7. 经济法　8. 法律责任
9. 经济法律关系　10. 法律行为

二、填空题

1. 法是由________和________认同的行为规范体系，是以________和________为内容的行为规范体系。

2. 随着社会的发展，法的功能不仅体现为__________和__________，更多地还体现为____________________。

3. 根据行为主体的不同，法律的规范作用可分为__________、__________、__________、__________、__________五种作用。

4. 法律关系的主体包括：__________、__________、__________。

5. 法律关系的客体包括：__________、__________、__________、__________。

6. 法律责任是一种不利的法律后果，一般由__________、__________、__________三类构成。

7. 根据代理权产生的根据，将代理分为__________、法立代理和__________三种类型。

8. 法律不是从来就有的，而是随着人类社会发展到__________的产物。

9. 诉讼时效是指权利人在__________不行使权利即丧失请求人民法院予以保护其__________的法律制度。

10. 经济法是国家为了保证经济协调发展而制定的有关__________和__________的法律规范的总称。

11. 20 世纪，德国法学家赫尔曼在其__________中使用了经济法一词。

12. 经济法律关系由__________，__________和__________构成。

13. 经济行为是指经济法律关系主体为达到一定经济目的，实现其权利和义务所进行的__________。

14. 智力成果是指人们从事__________所创造的成果。

15. 法律事实可分为__________和__________。

三、单项选择题

1. 下列属于经济法调整的社会关系是（　　）。

A. 财物赠与关系　　B. 财产继承关系

C. 宏观经济调控关系　　D. 所有经济关系

2. 下列选项中，不属于经济法律关系客体的是（　　）。

A. 物　　B. 行为

C. 禁止流通物　　D. 智力成果

3. 经济法律关系是指由经济法律规范规定而形成的（　　）关系。

A. 物质利益　　B. 责权利

C. 权利义务　　D. 特定经济

4. 在经济法律关系中，始终是经济法一方主体的是（　　）。

A. 国家机关　　B. 社会组织

C. 公民　　D. 个体工商户

5. 下列几项中，属于事件性质的法律事实是（　　）。

A. 设立公司　　B. 无因管理

C. 偷税　　D. 水灾

6. 凡是能引起经济法律关系发生变更和消灭的客观行为在经济法中称为（　　）。

A. 法律规定　　B. 法律行为

C. 法律变动　　D. 法律事实

7. 根据我国法律所规定的 2 年的诉讼时效期间，自（　　）起计算。

A. 权利被侵犯之日起

B. 权利人知道权利被侵犯之日起

C. 权利人应当知道权利被侵犯之日起

D. 债权订有期限的，自期限到来时起算

8. 下列关于经济法的说法，错误的是：（　　）。

A. 经济法一词最早出现在摩莱里 1755 年出版的《自然法典》里

B. 经济效益原则是经济法的一个重要原则

C. 企业和其他社会组织是经济法律关系的主体之一

D. 智力成果属于经济法律关系的内容

四、多项选择题

1. 法律的作用是（　　）。

A. 指引作用　　B. 评价作用

C. 教育作用　　D. 预测作用

E. 强制作用

2. 法律关系的要素有（　　）。

A. 法律关系的主体　　B. 国家

C. 法律关系的客体　　D. 法人

E. 内容

3. 代理分为（　　）。

A. 全权代理　　B. 委托代理

C. 无权代理　　D. 法定代理

E. 指定代理

4. 法律责任的类型（　　）。

A. 民事责任　　B. 经济责任

C. 刑事责任　　D. 行政责任

E. 违宪责任

5. 经济法的特征有（　　）。

A. 政府干预性　　B. 国家干预性

C. 经济性　　D. 强制性

E. 综合性

6. 下列各项中，属于经济法律关系主体的有（　　）。

A. 国家管理机关　　B. 社会团体

C. 公司内部组织　　D. 个体工商户

E. 自然人

7. 下列各项中，属于经济法律关系客体的有（　　）。

A. 黄金　　B. 结婚

C. 税金　　D. 专有技术

E. 行为

8. 下列关于诉讼时效的说法，正确的有（　　）。

A. 一般诉讼时效的期间为 2 年

B. 身体受到伤害要求赔偿的诉讼时效的期间为 1 年

C. 寄存物被丢失毁损的诉讼时效的期间也为1年

D. 诉讼时效从中断时起重新计算

E. 超过诉讼时效期间，当事人自愿履行的，不受诉讼时效限制

五、判断题

1. 法律是随着人类社会的产生而产生的。（ ）
2. 法律的本质是维护社会的公平与正义。（ ）
3. 一般诉讼时效是指民法统一规定的诉讼时效期限，期限为2年。（ ）
4. 经济法产生于19世纪，是德国法学家赫尔曼第一次提出的。（ ）
5. 智力成果是指人所创造的成果。（ ）
6. 物是指能为人所支配和控制，具有价值和使用价值的物质。（ ）
7. 法律事件是指能够引起经济法律关系设立，变更和消灭的客观情况。（ ）
8. 诉讼时效届满后，权利人不能再向法院起诉主张自己的权利。（ ）
9. 代理人是以自己的名义从事民事行为，行为的后果由被代理人承担。（ ）
10. 国家适度干预原则是经济法的基本原则之一。（ ）
11. 任何一种民事法律行为都允许代理。（ ）
12. 代理行为产生的民事法律关系中的主体之一是代理人。（ ）
13. 有行为能力的法人可以做代理人。（ ）
14. 代理人死后，其代理权可以由其继承人继承。（ ）

六、简答题

1. 简述法律的特征。
2. 简述法律的作用。
3. 简述诉讼时效的中止。
4. 简述经济法的特征。
5. 经济法律关系客体的种类。
6. 代理的种类。
7. 经济法律关系中的经济权利主要有哪些？
8. 经济法的基本原则。

七、案例分析

第1题

（一）目的

运用代理的有关法律规定，分析本案例。

（二）案情

大华百货有限公司在对外交易时，一直由张一鸣作为代理人，后因张犯错误，改为李志民代理，但并未将此事通知与大华公司有交易往来的腾达公司。张一鸣仍与腾达公司订立两公司的交易合同，结果发生问题，大华百货公司该负责吗?

（三）要求

请分析本案中，你认为应该如何处理出现的问题?

第2题

（一）目的

运用代理的有关法律规定，分析本案例。

（二）案情

刘东和王芳于1980年结婚。婚后因一直未能生育子女，造成王芳与其公婆之间关系紧张。由于长期精神抑郁，王芳于1998年患精神分裂症，完全丧失了行为能力。1990年刘东向市人民法院起诉要求与王芳离婚。因王芳母亲早逝，市人民法院通知王芳父亲王林代理王芳参加诉讼。而王林讲，他现在已另有妻室儿女，不能作为王芳的代理人，他可以让王芳的哥哥王刚作为王芳的代理人。王林告知王刚后，王刚表示拒绝，二人遂申请王芳住所地居民委员会解决。

（三）要求

请分析本案中，你认为本案应该如何处理?

第3题

（一）目的

通过本案例分析，能了解诉讼时效的法律知识。

（二）案情

阮某怕祖传的一对玉马（文物）被儿子倒卖，便将玉马存放在朋友张家。半年后阮某病故，六年后阮之子得知此事，便上门索还，张认为已过6年，便不肯还。问该不该还?

第4题

（一）目的

通过分析本题案例，能够灵活运用诉讼时效的相关知识。

（二）案情

甲出售一批奶牛给乙，双方约定，甲于1999年11月4日在其养牛场向乙交付奶牛，乙于1个月后向甲付款。1个月后乙没有付款，而甲也忙于其他事务无暇顾及。2001年7月4号甲因为车祸受伤成为植物人，因对由谁担任其监护人发生争议，迟至2001年8月4日才确定了由丙担任甲的监护人。2002年2月3日丙清理甲的财产的时候发现尚有乙的欠款还没有追回，遂向乙主张权利，因乙认为该债务诉讼时效期间已过不愿意偿还，而后发生纠纷。

（三）要求

请分析本案中，甲对乙的付款请求权是否已过诉讼时效期间不受保护？为什么？

第二章　企业法律制度

一、名词解释

1. 非法人企业　2. 合伙企业　3. 合伙协议　4. 入伙
5. 无限连带责任　6. 合伙企业清算　7. 个人独资企业

二、填空题

1. 根据企业的组织形式，可将企业划分为______、______、______等。

2. 所谓法人，是指具有______和______，依法独立享有______和承担______的组织。

3. 合伙协议生效后，合伙人应当按照合伙协议的规定缴纳出资。合伙人可以用______、______、______、______或者其他财产权缴纳出资。

4. 合伙人依法或者按照合伙协议对合伙企业有关事项作出决议时，除合伙企业另有规定或者合伙协议中另有约定外，经全体合伙人决定可以实行______的表决办法。

5. 合伙损益由合伙人依照______约定的比例分配和分担。______未约定损益分配比例的，由各合伙人______分配和分担。

6. 新合伙人入伙时，应当经全体合伙人同意，并依法订立书面协议。入伙人对入伙前的企业债务承担______。

7. 退伙人对其退伙前已发生的合伙企业债务，与其他合伙人承担______。

8. 个人独资企业的投资人对企业的债务承担______，即当企业的财产不足以清偿到期债务时，投资人应以______用于清偿。

9. 个人独资企业事务管理的内容包括：______、______、和__________。

10. 个人独资企业解散，由__________或者由债权人申请，人民法院__________进行清算。

三、单项选择题

1. 下列哪一个人可以成为合伙企业的合伙人？（　　）

A. 甲的15岁的侄子，已中专毕业，聪明能干

B. 乙声明以出资额承担责任

C. 丙是国家机关工作人员

D. 丁是下岗工人

2. 甲、乙、丙成立一合伙企业，其合伙合同中约定："合伙企业的事务由甲全权负责，乙、丙不得过问亦不承担企业亏损的民事责任"。对该约定的效力应如何认定？（　　）

A. 该约定有效，应由甲一人承担民事责任

B. 该约定无效，应由甲、乙、丙共同承担民事责任

C. 该约定部分有效，应由甲一人承担民事责任

D. 该约定部分无效，应由甲、乙、丙共同承担

3. 甲、乙、丙欲成立从事城乡运输的合伙企业。甲的出资是一辆二手中巴车。关于这笔出资的股价，以下说法正确的是：（　　）。

A. 只能由全体合伙人协商确定

B. 只能由全体合伙人委托法定评估机构进行评估

C. 可以由全体合伙人协商确定，也可以由他们委托法定评估机构评估

D. 应当到合伙企业登记机关指定的评估机构进行评估

4. 甲、乙、丙是某合伙企业的合伙人，甲的出资为高级笔记本电脑三台。在合伙企业经营过程中，甲急于使用资金遂将笔记本电脑以较高价格出售于不知情的丁。该买卖行为如何认定？（　　）

A. 丁将取得该笔记本电脑的所有权

B. 由于该笔记本电脑的所有权已属于合伙企业，因此该买卖合同无效

C. 只有该合伙企业事后予以追认，丁才能取得笔记本电脑的所有权

D. 该买卖行为有效，因为笔记本电脑虽然是甲对合伙企业的出资，但笔记本电脑的所有权仍然属于甲，甲有权处分

5. 合伙负责人的经营活动（　　）。

A. 由全体合伙人对外承担民事责任

B. 由负责人自己对外承担民事责任

C. 如果负责人无过错，由全体合伙人对外承担民事责任

D. 如果负责人有过错，由负责人自己对外承担责任

6. 合伙企业的成立日期应该是下列哪一时间？（　　）

A. 合伙人缴纳出资时

B. 合伙协议订立时

C. 合伙人就成立合伙协议达成一致意见时

D. 合伙企业的营业执照签发日期

7. 以下四个合伙企业对利润分配和亏损承担的表述正确的是：（　　）。

A. 甲企业按照合伙协议的约定进行利润分配和亏损承担

B. 乙企业没有协议的约定，因此由合伙人按照出资比例分担

C. 丙企业按照约定将全部利润分给某一个合伙人

D. 丁企业按照约定由某一个资金雄厚的合伙人来承担

8. 合伙人甲在合伙企业中有份额 15 万元，待分配利润 3 万元。现甲无力偿还其对第三人乙的负债 20 万元，乙要求强制执行甲在合伙企业中的财产。对此，下列哪一种说法是正确的？（　　）

A. 乙可就该 15 万元份额请求法院强制执行

B. 乙可就该 3 万元待分配利润请求法院强制执行

C. 乙可就该 15 万元份额和 3 万元待分配利润请求法院强制执行

D. 乙可就该 15 万元份额和 3 万元待分配利润请求法院强制执行，但必须扣除甲在合伙企业中应当承担的债务份额

9. 个人独资企业解散后，按照《中华人民共和国个人独资企业法》（以下简称《个人独资企业法》）的规定，原投资人对企业存续期间的债务是否承担责任？（　　）

A. 仍应承担责任

B. 不再承担责任

C. 仍应承担责任，但债权人在 5 年内未向债务人提出偿债请求的，该责任消灭

D. 仍应承担责任，但债权人在 2 年内未向债权人提出偿债请求的，该责任消灭。

10. 李某设立了个人独资企业后，准备在其他地方设立分支机构以适应客户的要求。则对该分支机构的民事责任应当由谁来承担？（　　）

A. 分支机构独立承担　　B. 设立分支机构的独资企业承担

C. 李某承担　　D. 该独资企业和李某共同承担

11. 个人独资企业投资人对受托人或被聘用人员职权的限制，具有何种效力？（　　）

A. 可以对抗任何人

B. 不能对抗任何人

C. 不得对抗善意第三人

D. 在一定情况下可以对抗善意第三人

12. 下列哪一项不属于个人独资企业的义务？(　　)

A. 应当依法设置会计账簿，进行会计核算

B. 应当依法与职工签订劳动合同

C. 应当按照国家规定参加社会保险，为职工缴纳社会保险费

D. 应当完成当地政府或管理部门的指定性任务

四、多项选择题

1. 根据《中华人民共和国合伙企业法》（以下简称为《合伙企业法》）的规定，下列哪些事项须由全体合伙人同意才能作出决议？(　　)

A. 出售合伙企业的房屋

B. 以合伙企业的名义为另一家企业提供担保

C. 转让合伙企业的商标

D. 改变合伙企业的名称

2. 甲欲加入乙、丙的合伙企业，以下各项要求中，哪些是甲入伙时必须满足的？(　　)

A. 乙、丙一致同意，并与甲签订书面的入伙协议

B. 乙、丙向甲告知合伙企业的经营状况和财务状况

C. 甲应向乙、丙说明自己的个人负债情况

D. 甲应当停止其已经从事的与该合伙企业相竞争的业务的活动

3. 甲与乙、丙成立一合伙企业，并被推举为合伙事务执行人，乙、丙授权甲在3万元以内的开支及30万元以内的业务可以自行决定。甲在任职期间内实施的下列行为，哪些是法律禁止或无效的行为？(　　)

A. 自行决定一次支付广告费5万元

B. 未经乙、丙同意，与某公司签订50万元的合同

C. 未经乙、丙同意，将自有房屋以1万元租给合伙企业

D. 与其妻一道经营与合伙企业相同的业务

4. 有下列情形之一的，合伙企业应当解散：(　　)。

A. 合伙企业仅剩一名合伙人　　B. 合伙目的无法实现

C. 被依法吊销营业执照　　D. 合伙协议约定的解散事由出现

5. 某合伙企业解散时，在如何确定清算人的问题上，四位合伙人各执一词。下述说法中，哪些不符合《合伙企业法》的规定？(　　)

A. 合伙人甲："建议我们四人共同担任清算人。"

B. 合伙人乙："我是大家一致委托的事务执行人，应该由我担任清算人。"

C. 合伙人丙："建议我们四人中推选一名清算人。"

D. 合伙人丁："合伙企业的清算人不允许由合伙人担任，所以我建议请一名律师来担任清算人。"

6. 甲、乙、丙、丁四人共同开办合伙企业，合伙协议中未对经营期限作出规定，后丁认为合伙企业效益不好，想另外再开一家个人独资企业，因此希望退出合伙。需要满足什么条件，丁才可以合法退伙？（　　）

A. 提前30天通知其他合伙人

B. 获得其他合伙人的一致同意

C. 丁的退伙不能给合伙企业的事务造成不利影响

D. 获得其他任意两名合伙人的同意

7. 甲、乙、丙三人商定成立从事农产品加工的合伙企业。后甲因病去世。甲的妻子丁、10岁的儿子戊是甲的继承人。则下列说法正确的是：（　　）。

A. 丁自继承开始之日起即成为该合伙企业的合伙人

B. 戊可以在其他合伙人一致同意的情况下成为合伙人，由其监护人丁代行权利

C. 丁如果不愿意成为合伙企业的合伙人，则合伙企业应当退还其依法继承的财产份额

D. 戊因为并非完全民事行为能力人，因此不得成为合伙人

8. 合伙人甲因个人炒股，欠债15万元，鉴于甲在合伙企业中有价值15万元的设备出资，所以甲的债权人提出如下几种解决方案。其中哪些是合法的？（　　）

A. 订立偿债计划，以甲在合伙企业中应分得的收益，逐年还清这笔债务

B. 债权人直接取得甲在合伙企业中的财产份额

C. 债权人直接将该设备变卖后清偿全部债务

D. 可以请求人民法院强制执行甲在合伙企业中的财产份额用于清偿债务

9. 某合伙企业欠甲借款2万元，同时合伙人乙欠甲借款1万元。某日，甲向该合伙企业购买货物一批，应付货款1万元。甲的这一付款义务，可因下列哪些原因而消灭？（　　）

A. 甲向该企业支付1万元

B. 甲以对该企业享有的2万元债权的一半相抵消

C. 乙向该企业支付1万元，同时了结乙对甲的债务

D. 甲以对乙的债权与该付款义务相抵消

10. 根据《个人独资企业法》的规定，投资人委托或者聘用的管理企业事务的人员不得有下列哪种行为？（　　）

A. 未经投资人同意，同本企业订立合同或进行交易

B. 将本企业的商业秘密泄漏于他人

C. 利用职务上的便利，索取或者收受贿赂

D. 挪用企业的资金归个人使用或者借贷给他人

11. 张某于2000年3月成立了一家个人独资企业。同年5月，该企业与甲公司签订一份买卖合同。根据合同，该企业应于同年8月支付给甲公司货款15万元，后该企业一直未支付该款项。2001年1月该企业解散。2003年5月，甲公司起诉张某，要求张某偿还上述15万元债务。下列有关该案的表述哪些是错误的？（　　）

A. 因该企业已经解散，甲公司的债权已经消灭

B. 甲公司可以要求张某以其个人财产承担15万元的债务

C. 甲公司请求张某偿还债务已超过诉讼时效，其请求不能得到支持

D. 甲公司请求张某偿还债务的期限应于2003年1月届满

12. 下列关于合伙企业与独资企业的比较的表述中正确的是：（　　）。

A. 二者的出资人都只能是自然人

B. 二者都不能取得法人资格

C. 二者都由出资人承担无限连带责任

D. 二者都需要办理企业营业执照

五、判断题

1. 并非所有的经济组织都是企业。（　　）

2. 两个合伙企业可以投资成立一个个人独资企业。（　　）

3. 赵某因犯罪被判5年有期徒刑，刑满释放后想设立一个人独资企业，登记机关应该不予登记。（　　）

4. 甲、乙、丙订立一份合伙协议，其中有一款规定："丙的出资为作价9万元的汽车一辆，不办理过户，丙保留对该车的处分权。"此条款应该有效。（　　）

5. 必须经其他合伙人一致同意后合伙人才能退伙。（　　）

6. 合伙人之间转让在合伙企业中的全部或者部分财产份额时，应当经其他合伙人的一致同意。（　　）

7. 甲、乙、丙三人分别出资成立了一合伙企业，其中甲的出资占总出资的一半，三人对利润分配未在合伙协议中约定。后企业盈利20万元，甲主张自己应得一半即10万元，乙、丙不同意。按照我国《合伙企业法》的规定，甲可以分得10万元。（　　）

8. 个人独资企业成立时须缴足法定最低注册资本。（　　）

9. 个人独资企业解散的，财产应当按照下列顺序清偿：①所欠税款；

②所欠职工工资和社会保险费用；③企业债务。（　　）

10. 合伙企业中只剩一名合伙人时，可以变更登记为个人独资企业。（　　）

六、简答题

1. 企业的概念及基本特征。
2. 简述合伙企业的设立条件。
3. 《合伙企业法》对合伙企业财产的转让有哪些限制性规定？
4. 合伙企业的哪些事务必须经全体合伙人一致同意？
5. 简述合伙企业财产清偿顺序。
6. 简述个人独资企业的设立条件。

七、案例分析

第 1 题

（一）目的

通过本案例，使同学们掌握合伙企业的事务执行及债务承担。

（二）案情

2002 年 1 月，甲、乙、丙、丁四人决定成立一合伙企业，并签订了书面合伙协议。合伙协议的部分内容如下：

1. 甲以货币出资 12 万元，乙以实物折价出资 10 万元，经其他三人同意，丙以劳务折价出资 8 万元，丁以货币出资 6 万元；

2. 甲乙丙丁按 2∶2∶1∶1 的比例分配利润和承担风险；

3. 由甲执行合伙企业事务，对外代表合伙企业，其他三人均不再执行合伙企业事务，但签订大于 2 万元的销售合同应经其他合伙人同意。合伙协议中未约定合伙企业的经营期限。

合伙企业存续期间，发生了下列事实：

1. 2002 年 5 月，甲擅自以合伙企业的名义与红天公司签订了价值 5 万元的销售合同，红天公司不知道合伙企业对甲的权限限制。乙获知后，认为该合同不符合合伙企业利益，经与丙、丁商议后，即向红天公司表示对该合同不予承认。因为合伙协议规定甲无权单独与第三人签订 2 万元以上的合同。

2. 2003 年 1 月，丁提出退伙，其他合伙人表示同意。2003 年 3 月，丁与其他合伙人进行清算后，撤资退伙。于是，合伙企业又接纳戊入伙，戊出资 6 万元。2003 年 5 月，合伙企业的债权人天蓝公司就合伙人丁退伙前发生的债务 24 万元要求合伙企业的现合伙人甲、乙、丙、戊和退伙人丁共同承担连带责任，丁以自己退伙为由，拒绝承担清偿责任，戊以自己新入伙为由，拒绝对其入伙前的债务承担清偿责任。

3. 甲为了改善企业的经营管理，于2003年4月独自决定聘任田某担任该合伙企业的经营管理人员。

（三）要求

根据以上案情，回答下列问题：

1. 甲以合伙企业的名义与红天公司所签的销售合同是否有效？为什么？

2. 丁的主张是否成立？为什么？如果丁向红天公司偿还了24万元的债务，丁可以向哪些当事人追偿？追偿的数额是多少？

3. 戊的主张能否成立？为什么？

4. 甲聘用田某担任合伙企业的经营管理人员的行为是否合法？为什么？

第2题

（一）目的

通过本案例，使同学们掌握个人独资企业分支机构的设立规定和责任的承担、投资人委托或者聘用他人管理个人独资企业事务的规定及投资人委托或者聘用的管理人员的义务。

（二）案情

李某于2003年11月10日申报设立了一家快餐店A，属个人独资企业。随着业务的扩大，2003年12月，快餐店A又分别设立了甲、乙、丙3家分店，并招聘了3名店长负责分店经营。因分店是以总店名义开展经营活动，故分店未再行办理任何登记手续，快餐店A也未与各店长就聘用事项签订书面合同。2004年6月，李某回老家照顾生病的母亲，快餐店交由其妻谭某管理。由于谭某管理经验不足，企业经营每况愈下，甲分店店长擅自与其亲戚合开了一家与快餐店A相同特色的快餐店，并任经理，主要工作精力转移。丙分店拖欠承租房屋业主的租金，被起诉至法院。谭某应诉时以丙分店店长是承包经营，其债务与A快餐店无关为由抗辩。2004年12月，谭某未经清算便决定解散A快餐店，意欲逃避企业债务。

（三）要求

根据以上案情，回答下列问题：

1. 快餐店A设立的三家分店未办理登记手续是否合法？为什么？

2. 快餐店是否应当与各店长就聘用事项签订书面合同？

3. 甲分店店长擅自与其亲戚合开了一家与A快餐店相同特色的快餐店并任经理的行为合法吗？

4. 谭某能否逃避债务？

第三章　公司法律制度

一、名词解释

1. 公司　2. 公司法　3. 有限责任公司　4. 股份有限公司
5. 国有独资公司　6. 发起设立　7. 募集设立　8. 上市公司
9. 股票　10. 累积投票制

二、填空题

1. ________是指只有一个自然人股东或者一个法人股东的有限责任公司。

2.《中华人民共和国公司法》（以下简称《公司法》）规定，公司以其________所在地为住所。

3. 公司股东依法享有________、________和________等权利。

4. 有限责任公司中，经股东同意转让的出资，在同等的条件下，其他股东对该出资有________。

5. 有限责任公司股东会的首次会议由________的股东召集和主持，依照《公司法》的规定行使职权。

6. 有限责任公司的董事任期由________规定，但每届任期不能超过________。任期届满，连选可以连任。

7. 有限责任公司的监事的任期为每届________年。

8. 一人有限责任公司的注册资本最低限额为人民币________。股东应当________缴纳公司章程规定的出资额。

9. 有限责任公司，股东人数较少和规模较小的，可以设一名________，不设董事会。

10. 有限责任公司的监事会由________和适当比例的________组成，其中职工代表的比例不得低于________，具体比例由公司章程规定。

11. 股份有限公司的设立，可以采取________或者________的方式。

12. 以募集设立方式设立股份有限公司的，发起人认购的股份不得少于公司总数的________。

13. 股份有限公司的股东大会作出决议，必须经出席会议的股东所持表决权的________通过。股东大会对公司合并、分立、解散或者变更公司形式的决议，必须经出席会议的股东所持表决权的________通过。

14. 股份有限公司的董事会每年度至少召开________次会议，每次会议应当于会议召开________日以前通知全体董事和监事。

15. 股份有限公司股份的发行，实行公开、公平、公正的原则，必须__________、__________。

16. 股份有限公司发起人持有的本公司股份，自公司成立之日起__________内不得转让。

17. 上市公司发行可转换为股票的公司债券，应当报请__________核准。公司债券可转换为股票的，除具备发行公司债券的条件外，还应当符合__________的条件。

18. 公司分配当年税后利润时，应当提取利润的__________列入法定公积金，公司法定公积金累计额为公司注册资本的__________以上的，可不再提取。

19. 公司的公积金用于__________、__________或者__________。

20. 公司合并可以采取__________和__________两种形式。

21. 公司章程对公司、__________、__________、__________、__________具有约束力。

22. __________和__________不得兼任监事。

23. 发行股份的股款缴足后，必须经法定的验资机构验资并出具证明。发起人应当在__________日内主持召开公司创立大会。

24. 设立股份有限公司，应当有__________人以上__________人以下为发起人，其中须有__________的发起人在中国境内有住所。

三、单项选择题

1. 其公司下属的一家分公司以自己的名义对外签订的合同，其效力如何？(　　)

A. 无效

B. 有效，其责任由分公司独立承担，总公司负连带责任

C. 有效，其责任由总公司承担

D. 有效，其责任由分公司独立承担

2. 甲公司为国有独资公司，乙公司为甲公司独资举办的子公司，1996年，甲公司出资70%、乙公司出资30%，投资创办丙有限责任公司，甲公司总经理王某兼任该公司的董事长。王某代表丙公司做出一项投资决策，结果导致丙公司损失50余万元，该损失应由谁承担？(　　)

A. 由甲公司承担70%，乙公司承担30%

B. 由甲公司全部承担

C. 由王某个人承担

D. 由丙公司承担

3. 甲、乙、丙三人出资成立一家有限责任公司。现丙与丁达成协议，将

其在该公司拥有的股份全部转让给丁。对此，甲和乙均不同意。有关此事的下列解决方案中，哪一个不符合《公司法》的规定？(　　)

A. 由甲或乙购买丙欲转让给丁的股份

B. 由甲和乙购买丙欲转让给丁的股份

C. 如果甲和乙都不愿购买，丙应当取消与丁的股份转让协议

D. 如果甲和乙都不愿购买，丙有权履行与丁的股份转让协议

4. 刘某系甲有限责任公司的董事兼总经理，该公司主要经营计算机销售业务。任职期间，刘某代理乙公司从国外进口一批计算机并将其销售给丙公司，甲公司得知后提出异议。本案应如何认定和处理？(　　)

A. 刘某的行为与甲公司无关，甲公司无权提出异议

B. 刘某违反竞业禁止义务，其代理乙公司与丙公司签订的销售合同无效，所进口的计算机应由甲公司优先购买

C. 刘某违反竞业禁止义务，但这并不影响销售合同的效力，由这笔买卖所得的收益应当归甲公司所有

D. 刘某违反竞业禁止义务，但这并不影响销售合同的效力，也不影响他由这一买卖所得的收益，仅存在被罢免的可能性

5. 根据《公司法》，国有独资公司属于下列选项中的哪一类？(　　)

A. 有限责任公司　　B. 股份有限公司

C. 无限公司　　D. 两合公司

6. 股份有限公司的发起人应为（　　）。

A. 5 人以上 50 人以下　　B. 5 人以上

C. 2 人以上 50 人以下　　D. 2 人以上 200 人以下

7. 股份有限公司发行债券，其净资产额不得低于（　　）。

A. 1000 万元　　B. 3000 万元

C. 5000 万元　　D. 6000 万元

8. 以下各项不能作为股份有限公司的投资的是（　　）。

A. 实物　　B. 工业产权

C. 劳务　　D. 土地使用权

9. 债券不具备的特征是（　　）。

A. 持有人担一定风险

B. 本金退还

C. 利息不固定

D. 公司解散或破产时持有人比股东有优先受偿权

10. 有限责任公司的净资产额不低于人民币（　　），及其他条件成熟时可发行公司债券。

A. 1000 万元　　B. 2000 万元

C. 5000 万元　　　　　　　　　　D. 6000 万元

11. 修改有限责任公司章程的决议，必须经代表（　　）表决权的股东通过。

A. 全部　　　　　　　　　　　　B. 1/2 以上

C. 1/3 以上　　　　　　　　　　D. 2/3 以上

12. 某股份有限公司召开董事会，对公司发行公司债券筹集到资金的用途进行讨论，董事们发表了以下意见，你认为正确的是（　　）。

A. 用于公司弥补亏损　　　　　　B. 用于买卖股票

C. 用于审批机关批准的用途　　　D. 用于期货交易

13. 某股份有限公司拟发行公司债券。该公司净资产额为 4 亿元人民币，以前未发行过公司债券。此次发行债券额最多不得超过（　　）。

A. 4 亿元　　　　　　　　　　　B. 2 亿元

C. 1.6 亿元　　　　　　　　　　D. 1 亿元

14. 我国《公司法》规定，公司章程应采取的形式是（　　）。

A. 口头形式　　　　　　　　　　B. 书面形式

C. 公证形式　　　　　　　　　　D. 书面形式并且必须经过公证

15. 我国《公司法》规定，公司可以提取任意公积金，但要（　　）。

A. 经股东会(股东大会)作出决议　B. 经董事会作出决议

C. 经监事会作出决议　　　　　　D. 经职工代表大会作出决议

16. A 有限公司由甲、乙股东投资设立，B 有限公司由丙、丁投资设立。之后，A 有限公司被 B 有限公司合并，股东为甲、乙、丙、丁。合并前，A 有限公司尚有 500 万元债务未偿还。合并完成后，该债务的偿还者应是（　　）。

A. A 有限公司的股东甲、乙

B. 由两公司协议规定

C. 合并后的 B 有限公司

D. 合并后的 B 有限公司股东甲、乙、丙、丁

17. 以公司的信用基础为标准，可以将公司划分为人合公司与资合公司。典型的资合公司是（　　）。

A. 无限公司　　　　　　　　　　B. 有限责任公司

C. 两合公司　　　　　　　　　　D. 股份有限公司

18. 下列哪个公司名称符合《公司法》的规定（　　）。

A. 北京宏愿发展公司　　　　　　B. 北京宏愿股份有限公司

C. 北京宏愿房地产中心　　　　　D. 北京宏愿房地产有限公司

19. 有限责任公司的权力机构是（　　）。

A. 股东会　　　　　　　　　　　B. 董事会

C. 职工代表大会　　D. 监事会。

20. 根据有关规定，下列债权中，属于破产债权的是（　　）。

A. 破产宣告后成立的无财产担保的债权

B. 破产宣告前成立的有财产担保的债权

C. 破产宣告前成立的放弃优先受偿权的有财产担保的债权

D. 债权人参加债权人会议的差旅费用

四、多项选择题

1. 依照《公司法》的规定，以下各项哪些应受公司章程的约束？（　　）

A. 公司的股东　　B. 公司的监事

C. 公司的全体员工　　D. 公司本身

2. 有限责任公司成立时，股东以土地使用权出资的，应当办理哪些手续？（　　）

A. 评估作价　　B. 产权过户

C. 验资　　D. 第一次股东大会确认

3. 以下各项，哪些是任何公司在设立时都必须具备的基本条件？（　　）

A. 必须有发起人　　B. 必须有资本

C. 必须制定公司章程　　D. 必须在登记前报经审批

4. 有限责任公司中，临时股东会召开的条件是（　　）。

A. 代表 1/10 以上表决权的股东提议

B. 1/3 以上董事提议

C. 监事会提议

D. 董事长提议

5. 股份有限公司的发起人应承担下列责任：（　　）。

A. 公司不能成立时，对认股人已缴纳的股款，负返还股款并加算银行同期存款利息的连带责任

B. 公司不能成立时，对设立行为所产生的债务和费用负连带责任

C. 在公司设立过程中，由于发起人的过失致使公司利益受到损害的，应对公司承担赔偿责任

D. 在公司设立过程中，发行的股份超过招股说明书规定的截止期限尚未募足的，或者发行的股份募足后，未在 30 日内召开创立大会的，认股人要求返还股款并加算银行同期存款利息

6. 一般情况下，发起人、认股人缴纳股款或者交付抵作股款的出资后，不得抽回资本，但在有些情况下例外：（　　）。

A. 未按期募足股份　　B. 发起人未按期召开创立大会

C. 创立大会作出决议不设立公司　D. 认股人对发起人丧失信心

7. 股东大会应当每年召开一次年会。有下列情形之一的，应当在 2 个月内召开临时股东大会（　　）。

A. 董事人数不足《公司法》规定的人数或者公司章程所定人数的 2/3

B. 公司未弥补的亏损达实收股本总额的 1/3

C. 单独或者合计持有公司股份 10% 以上的股东请求时

D. 董事会认为必需或者监事会提议召开时

8. 股东出席股东大会，每持有一股份有一表决权。决定下列哪些事项，必须经出席会议的股东所持表决权的 2/3 以上通过？（　　）

A. 公司的合并、分立　B. 公司的解散

C. 公司的增资、减资方案　D. 公司的经营方针和投资计划

9. 股份有限公司的股东有权查阅本公司的文件有（　　）。

A. 股东名册　B. 股东大会会议记录

C. 公司章程　D. 财务会计报告

10. 向社会发行的股票，可以为记名股，也可以为无记名股。按法律规定，应当记名的股票是（　　）。

A. 公司向发起人发行的股票

B. 中国向国家授权投资的机构发行的股票

C. 公司向法人发行的股票

D. 公司向其他经济组织发行的股票

11. 某电子股份有限公司刚刚成立三年半，成立时 10 位发起人共持有本公司 36% 股份，职工王某是公司的监事，该行业的国有电子总公司也持有一定数额的股份。下列说法正确的是（　　）。

A. 发起人所持有的股份可以转让

B. 发起人所持有的股份不能转让

C. 王某的股份可以转让

D. 持有股份的国有电子总公司可以转让其股份

12. 股份有限公司申请其股票上市必须符合的条件有（　　）。

A. 公司股本总额不少于人民币 3000 万元

B. 公开发行的股份达到公司股份总数的 25% 以上

C. 如若股本总额超过人民币 4 亿元的，向社会发行股份的比例可以为 10% 以上

D. 公司最近三年无重大违法行为，财务会计报告无虚假记载

13. 不得兼任股份有限公司监事会监事的人员包括：（　　）。

A. 股东代表　B. 董事

C. 经理　D. 财务负责人

14. 公司发行公司债券，必须符合下列哪几项条件？（　　）

A. 股份有限公司净资产额不低于人民币3000万元，有限责任公司的净资产额不低于6000万元

B. 累计债券总额不超过公司净资产额的40%

C. 最近3年平均可分配利润足以支付公司债券一年的利息

D. 筹集的资金投向符合国家产业政策

15. 甲、乙、丙三人出资10万元设立一有限责任公司。其中甲出资2万元，乙出资3万元，丙出资5万元。公司成立后，召开了第一次股东会。有关这次股东会的下列情况，哪些不符合《公司法》的规定？（　　）

A. 会议由甲召集和主持

B. 会议决定：不设董事会，由乙任执行董事兼总经理

C. 会议决定：公司设监事一名，由丙担任，任期2年

D. 会议决定：同意公司以1.5万元购买甲的一项专利权

16. 资本公积金的来源包括（　　）。

A. 溢价发行股票的收入　　B. 税后营业利润

C. 公司接受赠与的财产　　D. 公司资产重估的增值额

17. 某有限责任公司欲设立监事会，下列人员中可以担任监事的是（　　）。

A. 董事长李某　　B. 总经理王某

C. 财务处职工张某　　D. 工会主席赵某

18. 有限责任公司有股东甲、乙、丙、丁四人，公司成立后，发现作为股东甲出资的机器实际价值低于公司章程所定价额3万元，作为股东乙出资的技术实际价值低于公司章程所定价额7万元。根据法律的规定，下列说法正确的是（　　）。

A. 甲应补足3万元作为出资

B. 乙应补足7万元作为出资

C. 甲乙对不足出资承担连带责任

D. 甲乙丙丁对不足出资承担连带责任

19. 债权人会议的认识错误的是（　　）。

A. 有财产担保权的债权人无权参加债权人会议

B. 有财产担保权的债权人有权参加债权人会议，并有会议表决权

C. 人民法院任命债权人有权参加债权人会议，并有会议表决权

D. 第一次债权人会议由法院在债权人申报期限届满后的15日内召开

20. 下列属于创立大会法定职权的是（　　）。

A. 对公司的设立费用进行审核　　B. 通过公司章程

C. 选举董事会成员　　D. 对发起人的资格进行审查

五、判断题

1. 有限责任公司的合并、分立、解散，注册资本的增加、减少，章程的修改等事项应由股东会的全体股东一致通过才有效。 (　)

2. 公司分配当年税后利润时，应当提取利润的10%列入公司法定公积金。公司法定公积金累计额为公司净资产的50%以上的，可不再提取。 (　)

3. 据一个公司对另一个公司的控制或依附关系，可以将公司分为总公司和分公司。 (　)

4. 有限责任公司股东以其所有财产对公司承担责任。 (　)

5. 设立有限责任公司，注册资本至少不少于人民币10万元。 (　)

6. 按照《公司法》的规定，有限责任公司不得减少其注册资本。 (　)

7. 有限责任公司董事会成员为5~9人。 (　)

8. 根据我国《公司法》规定，国有独资公司不设股东会。 (　)

9. 股份有限公司的董事会是公司的权力机构。 (　)

10. 股份有限公司的经理是公司的法定代表人。 (　)

11. 股东出席股东大会，所持每股股份有一票表决权。 (　)

12. 股票发行价格可以按票面金额，也可以超过票面金额或低于票面金额。 (　)

13. 以发起方式设立股份有限公司的，发起人认购的股份不得少于公司股份总数的35%。 (　)

14. 公司核准登记后，股东不得抽回其出资。 (　)

15. 公司章程对公司具有约束力，而对其内部人员，如股东、董事、监事不具约束力。 (　)

16. 股东不按规定缴纳所认缴的出资，应当向已足额缴纳出资的股东承担违约责任。 (　)

17. 国家公务员不得兼任公司的董事、监事和经理。 (　)

18. 董事、经理不得自营或者为他人经营与其所任公司同类的营业或者从事损害本公司利益的活动。从事上述活动的，所得收入应归公司所有。 (　)

19. 未经国务院证券管理部门批准，发起人不得向社会公开募集股份。 (　)

20. 公司债权人在利润分配和受偿顺序等方面有优先权。 (　)

六、简答题

1. 简述公司的种类。

2. 有限责任公司的特征有哪些?

3. 股份有限公司的设立条件。

4. 简述股票与公司债券不同的法律特征。

5. 一人有限责任公司有哪些特别规定?

6. 简述股票申请上市必须具备的条件。

7. 公开发行公司债券应当符合哪些条件?

8. 简述发起人的概念与法律责任。

9. 简述有限责任公司的股东会的职权。

10. 简述上市公司组织机构的特别规定。

七、案例分析

第 1 题

(一) 目的

通过本案,要求学生掌握公司的设立,公司的组织机构及董事、监事的任职资格。

(二) 案情

某百货公司是以商品零售为主的公司,由两个私人股东设立,公司成立登记的注册资本为 25 万元。两个股东,一个为执行董事,一个为财务负责人,其中执行董事兼任监事。该公司聘请在市工商局工作的杜某担任总经理。此时杜某买回一批服装正欲出售,上任后未经同意私下和该百货公司签订了一份合同,用公司的名义买下了他自己买来的服装,总价款达 12.5 万元,占用了公司的大量流动资金。后该批服装由于数量过多,款式陈旧而积压,致使公司半年的投资计划流产,大量的购货合同难以履行,公司执行董事向法院提起诉讼,要求杜某赔偿损失。杜某认为,他是公司的总经理,有权同任何人签订合同,决定经营方式,公司起诉他是没有道理的。

(三) 要求

根据以上案情,回答下列问题:

1. 该百货公司是什么形式的公司?其注册资本是否符合法律规定?为什么?

2. 公司只设一名执行董事而不设董事会是否符合规定?为什么?

3. 公司聘请杜某为公司的总经理有无不妥之处?为什么?

4. 杜某应否对公司造成的损失承担赔偿责任?为什么?

第 2 题

(一) 目的

通过本案,要求学生掌握公司董事、监事与高级管理人员的义务与责任,股东大会、董事会的职权。

（二）案情

甲和乙是某市泉水饮料股份有限公司的董事。1993 年 2 月，甲、乙 2 人又和丙合伙办了一个饮料厂，生产“红豆”牌饮料，与泉水饮料股份有限公司的产品“绿豆”牌饮料相差不多，口味、选料、技术基本相同。同年 3 月，泉水公司发现了甲、乙另办饮料厂的行为，经董事会研究决定罢免了甲、乙的董事职务。同时，要求甲、乙将其在经营饮料厂期间所得收入 10 万元交回公司，甲、乙不同意，辩称：我们两厂生产的饮料品牌不同，互不相干，我们额外劳动所得凭什么要交回公司。于是董事会研究决定，以公司名义向法院起诉。

（三）要求

根据以上案情，回答下列问题：

1. 甲、乙的理由是否合法？为什么？

2. 公司的行为是否恰当？

第 3 题

（一）目的

通过本案，要求学生掌握破产财产及破产费用。

（二）案情

A 皮革厂系一国有小企业，由于经营管理不善造成连年亏损，负债累累，不能清偿多家的到期债务，债权人于 1996 年 3 月依法向人民法院提出破产申请。人民法院经过审查后，认定 A 皮革厂不能清偿到期债务，又不具备法律规定的不予宣告破产条件，依据《破产法》第二十三条规定，以书面裁定宣告其破产。根据人民法院组织成立的清算组，对该厂的财产进行清点，登记造册和最后形成的清算报告反映：①A 皮革厂的总资产为 800 万元（变现价值），其中，流动资产 50 万元，固定资产 750 万元。该厂负债情况为：流动负债 700 万元，其中，应付职工工资及劳动保险费为 200 万元，应付税款 400 万元，其他流动负债 100 万元；长期负债为 300 万元；负债合计为 1000 万元。②在 A 皮革厂的财产中，宣告破产时企业经营管理的全部财产为 600 万元，其中包括该厂向银行借款时用于抵押的价值为 100 万元的房产（抵押房产与借款价值相当）；在破产宣告后至破产程序终结前应取得的财产为 80 万元（主要是未收的货款），企业可获得商标使用费 20 万元；企业所办幼儿园、医院等社会福利性设施财产总值为 100 万元。③在 A 皮革厂破产程序中用于支付清算组工作的费用为 20 万，应支付的破产案件诉讼费用 4 万元。

（三）要求

根据以上案情，回答下列问题：

1. A 皮革厂的财产中作为破产财产的数额是多少？

2. A 皮革厂的财产中不属于破产财产的财产数额是多少？

3. 从A皮革厂的破产财产中优先拨付的破产费用的数额是多少？

第4题

（一）目的

通过本案，要求学生掌握股份有限公司的设立。

（二）案情

1997年6月份，A市4家企业拟发起成立一家从事高新技术开发的欣欣股份有限公司，资本总额为800万元，4家发起企业认购250万元（每股1元），其余部分向社会公开募股。1997年10月份，发起人中的3家企业以现金认购了70万元的股份，另一家企业则以其非专利技术入股，作价180万元。1998年1月份，社会认股人缴纳股款400万元，发起人以欣欣股份有限公司的名义申请银行抵押贷款150万元，从而募足了股款。1998年2月份，在A市证券监督管理机构的主持下，召开了欣欣股份有限公司的创立大会，作出建立股份有限公司的决定。

（三）要求

请运用所学的《公司法》，分析欣欣股份有限公司的成立是否合法。

第5题

（一）目的

通过本案，要求学生掌握股东的法律责任。

（二）案情

1998年1月，重庆市甲厂、乙厂、丙厂欲联合组建一家有限责任公司。三方商定，甲厂以现金出资10万元；乙厂以土地使用权及厂房出资，共计20万元；丙厂以现金和专利技术出资，其中现金10万元，专利技术作价10万元。该有限责任公司于1998年10月成立，公司章程中规定的注册资本为50万元，公司成立后，发现作为出资的专利技术的实际价值约1万元，远远低于其先前估价。于是，该公司出现了9万元的资金缺口。

（三）要求

试问对于这9万元的资金缺口，甲、乙、丙三厂应承担何种法律责任？

第6题

（一）目的

通过本案，要求学生掌握股份有限公司的设立。

（二）案情

某大型国有企业，准备以募集方式设立一股份有限公司，募集小组依法制定了公司章程，确定股份金额为8000万元，每股1万元，共8000股。该企业作为发起人认购2400股，是以土地使用权、厂房和该企业的专利作价而认购的（其中专利作价1800股），其余5600股向社会公开募集。在招股说明书指定的时间内该公司的股款缴足，并到验资机构验资，出具证明。由于事务繁忙，该企业于1个半月后才主持召开创立大会。其余股东要求退股，并加算银行同期存款利息。而该企业募集小组强调：认股人缴纳股款或交付抵作股款的出资后，不得抽回股本。所以不予退还。

（三）要求

分析本案中，如果你是一名认股人，应该怎样反驳募集小组的说法？

第7题

（一）目的

通过本案，要求学生掌握公司与合伙企业的区别。

（二）案情

甲公司是经营批发业务的有限责任公司，甲公司的主要债务人是乙公司和丙企业。乙公司是以零售业为主的有限责任公司，由张某和刘某出资设立；丙企业是由金某、肖某和姜某共同出资设立的合伙企业。甲公司一直向乙和丙企业催缴债务未成，1月2日，金某退出合伙企业。1月10日，甲公司再次向乙公司和丙企业要求还款。乙公司和丙企业账面上确实没有资金。于是，甲公司向张某、刘某、金某、肖某和姜某追偿。但张某、刘某认为自己只是股东，没有义务承担出资以外的债务；金某认为自己已经退出了合伙企业，不应对企业债务承担责任；肖某和姜某认为，自己应当仅就出资额为限承担责任。

（三）要求

根据以上案情，回答下列问题：

1. 张某、刘某的说法是否正确？为什么？

2. 肖某和姜某的说法是否正确？

3. 金某的说法是否正确？

4. 甲公司的债权如何实现？

第8题

（一）目的

通过本案，要求学生掌握公司的组织机构。

（二）案情

某有限责任公司董事会决议拟增加注册资本，公司监事会全部七名成员坚决反对，但董事会坚持决议。于是，监事会中的三名监事联名通知全体股东召开临时股东会议。除两名股东因故未参加股东会以外，其余股东全部参加。股东最终以2/3人数通过了公司增加注册资本的董事会决议。监事会认为会议的表决未达到法定人数，因而决议无效。董事会认为，监事会越权召开股东会，会后又对会议决议横加指责，纯属无理之举。

（三）要求

根据以上案情，回答下列问题：

1. 公司董事会是否有权作出增加注册资本的决议？

2. 临时股东会的召集程序是否合法？

3. 临时股东会通过的决议是否有效？

第9题

（一）目的

通过本案，要求学生掌握公司的分立，股份的转让。

（二）案情

甲、乙、丙、丁、戊拟共同组建一有限责任性质的饮料公司，注册资本200万元，公司拟不设董事会，由甲任执行董事；不设监事会，由丙担任公司的监事。

饮料公司成立后经营一直不景气，已欠A银行贷款100万元未还。经股东会决议，决定把饮料公司唯一盈利的保健品车间分出去，另成立有独立法人资格的保健品厂。后饮料公司增资扩股，乙将其股份转让给C公司。

（三）要求

根据以上案情，回答下列问题：

1. 饮料公司的组织机构设置是否符合《公司法》的规定？为什么？

2. 饮料公司设立保健品厂的行为在《公司法》上属于什么性质的行为？设立后，饮料公司原有的债务应如何承担？

3. 乙转让股份时应遵循股份转让的何种规则？

第四章　合同法律制度

一、名词解释

1. 合同　2. 诚实信用原则　3. 承诺　4. 显失公平
5. 同时履行抗辩权　6. 代位权　7. 混同　8. 协作履行原则
9. 债务承担　10. 要约　11. 不可抗力
12. 效力待定合同　13. 保证　14. 定金　15. 违约责任
16. 赔偿损失　17. 留置　18. 格式合同

二、填空题

1. 根据合同是否被我国《合同法》赋予名称，可以把合同分为__________和__________两种。

2. 当事人订立合同有__________、__________和其他形式。

3. 订立合同的两个阶段是__________和__________。

4. 合同的保全包括__________和__________。

5. 要约自__________时生效。

6. 当事人订立的附生效期限的合同，自__________时生效。

7. 债权人行使代位权所产生的必要费用，由__________承担。

8. 合同的变更可以分为__________和__________两种情况。

9. 在并存的债务承担中，第三人加入到债的关系中，和原债务人一起承担__________；第三人和原债务人也可以约定按__________承担债务。

10. 导致合同终止的原因有多种，其中合同当事人全面履行义务和实现了权利，合同目的得以完成，这种情形称之为__________。

11. 要约邀请又称__________。

12. 格式合同中，对格式条款有两种以上解释的，应当作出不利于__________一方的解释。

13. 合同部分无效的，其中某些条款因违反法律法规而无效，但其他部分__________。

14. 质押的形式包括__________和__________。

15. 保证期间可由当事人自由约定，保证人与债权人未约定保证期间的，保证期间为主债务履行期届满之日起__________个月。

三、单项选择题

1. 下列合同中属于我国《合同法》调整的有（　　）。

A. 劳动合同　　B. 行政合同

C. 收养协议　　D. 买卖合同

2. 合同保全中，债权人的撤销权的行使期间，在债权人知道或者应当知道撤销事由时，为（　　）。

A. 6 个　　B. 1 年

C. 2 年　　D. 3 年

3. 甲明知自己的自行车被盗，仍然积极地与乙商量自行车买卖事宜，致使乙花费了一定订约费用。乙可以以下列何种理由要求甲赔偿：（　　）。

A. 违约责任　　B. 侵权责任

C. 缔约过失责任　　D. 返还财产

4. 限制民事行为能力人独立订立的合同属效力待定的合同，其法定代理人应当在（　　）内进行追认。

A. 1 个月　　B. 60 日

C. 1 年　　D. 2 年

5. 甲和乙订立租赁合同，合同规定甲在乙交付租赁物后 15 日内付款。乙交付租赁物后，甲发现租赁物不符合约定的质量要求，15日后乙要求甲支付租赁费用。甲可以行使何种权利进行抗辩：（　　）。

A. 违约请求权　　B. 同时履行抗辩权

C. 后履行抗辩权　　D. 不安抗辩权

6. 合同履行费用的负担不明确的，由（　　）负担。

A. 履行义务的一方　　B. 接受履行的一方

C. 合同双方当事人　　D. 协商确定

7. 合同的转让就是合同的（　　）。

A. 主体的变更　　B. 客体的变更

C. 内容的变更　　D. 全部基本条款的变更

8. 可撤销的合同，在被依法撤销前是否有效？（　　）。

A. 当然无效　　B. 有效

C. 效力处在不确定的状态　　D. 合同不成立

9. 无民事行为能力人订立的纯获利益的合同，在效力上（　　）。

A. 属于效力待定的合同，由其法定代理人决定是否追认

B. 无效的合同

C. 完全有效的合同

D. 法定代理人可以要求撤销

10. 关于债权让与，下列说法错误的是：（　　）。

A. 按照合同当事人约定不得转让的债权，不能进行债权让与

B. 债权让与一般应当通知债务人，未经通知的，该债权让与不发生效力

C. 债权让与后，受让人获得合同债权人的地位

D. 债权让与由于涉及债务人向谁履行的问题，所以债权让与需经债务人的同意。

11. 采取格式条款订立合同的，若格式条款和非格式条款不一致的，应当采用：（　　）。

A. 格式条款　　B. 诚信原则

C. 非格式条款　　D. 法律规定

12. 法律规定应当采用书面形式的合同，当事人未采用书面形式但一方已履行主要义务，对方接受的，该合同（　　）。

A. 成立　　B. 可变更可解除

C. 无效　　D. 可撤销

13. 合同条款中，采取何种解决争议的方法：（　　）。

A. 当事人可以约定　　B. 依合同法规定

C. 视具体情况而定　　D. 无须约定，当事人直接起诉

14. 刘某向银行借款5万元，此合同是（ ）。

A. 单务合同　　B. 利他合同

C. 从合同　　D. 有偿合同

15. 不可抗力的法定免责事由，在迟延履行期间发生不可抗力的，（ ）。

A. 应免除责任　　B. 可以免除部分责任

C. 不得免除责任　　D. 视当事人的约定而定

四、多项选择题

1. 合同法的基本原则有：（ ）。

A. 平等原则　　B. 自愿原则、公平原则

C. 诚实信用原则　　D. 遵守法律和公共秩序原则

2. 下列合同中，可撤销的情形是：（ ）。

A. 因重大误解订立的　　B. 在订立合同时显失公平的

C. 受欺诈的损害国家利益的行为　　D. 恶意串通损害第三人利益的

3. 下列情况，属无效合同的有：（ ）。

A. 欺诈

B. 胁迫

C. 无行为能力人依法不能独立实施的

D. 当事人以合法形式掩盖非法目的

4. 合同部分无效是指出现下列免责条款时，该免责条款无效：（ ）。

A. 造成对方人身伤害的

B. 明显加重对方义务的

C. 因故意或者重大过失造成对方财产损失的

D. 明显增加本方权利的

5. 当事人提请法院或者仲裁机构认定合同无效后，可能会产生法律后果的有：（ ）。

A. 返还财产　　B. 过错方承担缔约过失责任

C. 罚款等行政处罚　　D. 精神损害赔偿

6. 某次甲参与赌钱时输掉所带的现金，后当场向乙借款2万元继续赌博，并打了借条。关于甲、乙二人的借款合同，下列说法正确的是：（ ）。

A. 借款合同已经成立

B. 甲乙的借款合同无效

C. 合同无效的原因是，合同标的是赌资，违反了法律的强制性规定

D. 合同有效，因为甲确实借了乙2万元钱。

7. 合同履行有先后顺序的，后履行义务一方当事人出现下列情况时，另一方当事人可以行使其不安抗辩权：(　　)。

A. 经营状况严重恶化的

B. 转移债务、抽逃资金，以逃避债务的

C. 严重丧失商业信誉的

D. 其他丧失或者可能丧失债务履行能力的情形

8. 下列关于定金的说法，正确的有：(　　)。

A. 定金担保合同的履行

B. 定金是违约责任的一种

C. 定金不得超过主合同标的的20%

D. 收受定金的一方不履行约定的债务的，应当双倍返还定金

9. 我国《合同法》规定当事人承担的违约责任主要有：(　　)。

A. 支付定金　　B. 赔偿损失

C. 中止履行合同　　D. 继续履行合同

E. 采取补救措施

10. 我国《合同法》规定的构成缔约过失责任的情形有：(　　)。

A. 假借订立合同，进行恶意磋商

B. 故意隐瞒与订立合同有关的重要事实或提供虚假情况

C. 其他违背诚实信用原则的行为

D. 乘人之危订立合同的

11. 关于质押，下列说法正确的是：(　　)。

A. 原则上，除不动产及法律禁止流通的动产外，其他一切动产都可设定质押

B. 汇票、支票、本票、债券、存款单、仓单、提单等也可以设定质押

C. 质押合同自质物移交质权人占有之日起生效

D. 主合同债务人因其提供了质物，因而成为质押合同中的质权人

12. 下列情形中，要约失效的有：(　　)。

A. 要约人依法撤销要约的

B. 受要约人拒绝要约的通知到达要约人的

C. 受要约人对要约作出实质性变更的

D. 承诺期限届满，受要约人未作出承诺的

13. 关于合同变更，下列说法正确的是：(　　)。

A. 合同变更是指在合同成立以后，尚未履行或尚未完全履行之前，而进行的变更

B. 合同可以基于当事人的意思而变更

C. 合同可以基于法律的规定而变更

D. 合同的变更指合同内容的变更，而不包括合同主体的变更

14. 关于缔约过失责任的表述，正确的是：(　　)。

A. 缔约过失责任发生在合同订立的阶段

B. 缔约过失责任的承担是因为当事人违反了合同义务

C. 承担缔约过失责任的方式是损害赔偿

D. 缔约过失责任赔偿的是当事人因信赖利益而遭受的损失

15. 下列对于后履行抗辩权的说法，错误的是：(　　)。

A. 后履行抗辩权可以暂时中止履行债务

B. 当事人行使后履行抗辩权后，需要对方提供担保后才继续履行自己的债务

C. 当事人行使后履行抗辩权，就不得主张对方承担违约责任

D. 先履行一方到期未履行债务或未按约定履行债务，是产生后履行抗辩权的前提

五、判断题

1. 当事人经过要约和承诺而成立的合同是必然有效的。(　　)

2. 要约邀请中一方向对方提出了订约的愿望，但并没有提出具体的合同重要条件。(　　)

3. 行为人作出承诺须以书面通知的方式才有效。(　　)

4. 因欺诈、胁迫而订立的合同都属于可撤销的合同，受害方当事人可提请法院要求撤销该合同。(　　)

5. 合同保全中，债权人的撤销权应在债权人知道或者应当知道撤销事由之日起 1 年内行使。(　　)

6. 合同债务人设定抵押时，并不转移自己对财产的占有。(　　)

7. 在赠与合同的场合，当事人可以行使同时履行抗辩权。(　　)

8. 一方当事人因为不可抗力而导致不能履行合同义务，该当事人可以免除违约责任。(　　)

9. 如果双方违约的，各方当事人应各自承担相应的违约责任。(　　)

10. 效力待定的合同，经权利人追认后即有效。(　　)

11. 土地所有权可以设定抵押。(　　)

12. 质押与抵押的区别就在于是否转移对担保物的占有。(　　)

13. 一般而言，保证人应该是自然人，国家机关和其他组织都不能成为保证人。(　　)

14. 合同可以依当事人的意思表示而变更，但当事人对合同内容变更的约定必须明确，约定不明确之处，视为未变更。(　　)

15. 采用数据电文发出的要约，如果收件人指定特定系统接收的，以该数

据电文进入该特定系统的时间，视为要约生效的时间。（　）

16. 凡是受要约人在要约有效期满后的答复，是迟到的承诺；即使要约人及时通知受要约人该承诺有效，也不发生承诺的法律效力。（　）

17. 在当事人约定合同履行地点时，必须明确具体。（　）

18. 按照法律规定，经营者不得以格式合同、通知、声明、店堂告示等方式作出对消费者不公平、不合理的规定。（　）

19. 法人超出其经营范围而订立的合同都是无效的。（　）

20. 合同债务的履行只是债务人的事情，债权人可以不用配合和协作。（　）

六、简答题

1. 简述合同的生效要件。
2. 能够导致合同终止的情形有哪些？
3. 简述承担违约责任的方式有哪些？
4. 简述后履行抗辩权的构成条件。
5. 简述合同的履行原则。
6. 简述违约行为有哪些。
7. 什么是抵押，抵押权如何实现？
8. 违约责任免除的情形有哪些？
9. 债权人的撤销权成立的条件是什么？
10. 简述担保的主要方式有哪些。

七、案例分析

第1题

（一）目的

通过分析本题案例，理解不安抗辩权的内涵。

（二）案情

王某是一位著名的钢琴演奏家，2004年9月王某与北京某演出公司签订了一份演出合同。合同规定王某在演出公司主办的晚会中演奏钢琴曲一次，由演出公司预先支付王某出场费6万元。后来在合同约定的支付出场费的日期到来之前，王某因一场车祸受伤而住院治疗。演出公司在咨询了医生后得知，王某的伤情在晚会之日前有可能进一步恶化，以至于无法参加预定的演出。基于这样的情况，演出公司通知王某，表示暂不支付合同中约定的6万元出场费。

（三）要求

请问演出公司的做法是否符合《合同法》的规定，理由是什么？

第2题

（一）目的

通过此案例的分析，能够运用要约、承诺等知识来判断合同订立的程序。

（二）案情

甲建筑公司在兴建一住宅小区的施工过程中，因当地突遇洪水致使运送河沙的铁路被冲毁，所购河沙无法按时运送。为避免耽误工程，甲建筑公司紧急向附近的乙河沙厂和丙河沙厂发出电报。电报称：我公司急需建筑用河沙300吨，如果贵厂有河沙，请于见电报之日起2日内电报通知我公司，我公司将派采购员前往验货并购买。乙河沙厂和丙河沙厂收到电报后，均向甲建筑公司拍发了电报，并向甲建筑公司提供了河沙的型号及价格，而丙河沙厂在回电的同时，又通过关系向铁路车站报领了车皮，用火车将150吨河沙运往甲建筑公司所在的车站。在该批河沙到达甲建筑公司所在的车站前，甲建筑公司已派采购员李某到乙河沙厂验货并签订了购销合同，合同签订后的第二天上午，乙河沙厂和李某一起给甲建筑公司拍电报，称货已发出。当天下午，丙河沙厂的河沙运到，甲建筑公司告诉丙河沙厂，他们已经购买了乙河沙厂的河沙并已支付了货款，因此，无资金再购买丙河沙厂的河沙。丙河沙厂认为，甲建筑公司既然发出了要约，而自己又在要约要求的有效期内作出了承诺，甲建筑公司应受要约的约束，因此丙河沙厂坚持要求甲建筑公司收货并支付货款。甲建筑公司则认为自己发出的仅仅是购买河沙的意向书，而非要约，因此拒绝收货和支付货款。双方协商不成，丙河沙厂遂向法院起诉。

（三）要求

根据以上案情回答，你认为甲建筑公司和丙河沙厂之间是否订立了合同？他们的纠纷应该如何处理，为什么？

第3题

（一）目的

通过分析本题案例，明白如何处理乘人之危订立的合同。

（二）案情

2003年11月，养殖户吴某从市良种场以每头1100元的价格购得10头奶牛。同时，吴某又与本村村民赵某达成购买饲料的口头协议。双方商定，吴某以每公斤0.3元的价格购买赵某的草饲料5000公斤，次年2月10日交货付款。次年元旦，吴某自家存放的饲料草不慎起火烧尽，吴某便找到赵某要求交付购买的草料。赵某则称他现在要牛不要钱，购买5000公斤的饲料草所需的1500元钱要以两头良种奶牛来折抵。吴某迫于饲料草供给的艰难，同意了赵某的提议，用两头奶牛换取了5000公斤饲料草。但次日，吴某找到赵某，表示愿以2000元再买回那两头奶牛，赵某则表示拒绝。双方争执不下，吴某遂向法院起诉，要求赵某返还奶牛。赵某则称买卖既做，绝无反悔之理。

（三）要求

回答吴某与赵某订立的买卖合同采取的是什么形式？吴某要求返还奶牛的诉讼请求能否得到支持，为什么？

第 4 题

（一）目的

通过分析本题案例，能够运用《合同法》有关违约责任的知识解决实际问题。

（二）案情

2004 年 10 月 16 日，原告于氏兄弟向被告蒋某（销售商）购买白水泥等材料制作水磨石地面，该水泥外包装上标明的质量标号为 425。同年 11 月，于氏兄弟发现制作完工的水磨石地面出现麻点、砂点、裂缝等质量问题，要求销售商蒋某处理。双方共同取样，将水泥送到检测中心检测，检测结果为该样品不合格。

2005 年 1 月 11 日，本案双方当事人对水磨石原材料、运费、化验费、车费、水磨工资、人员招待费、水电费、勤杂（返工的凿工等）等相关费用进行了核定，总额为 12 448 元。事后，双方未能就赔偿问题达成一致意见，引起诉讼争议。

（三）要求

说明本案中，被告是否存在合同违约的情况？如果被告违约，那么根据合同法的规定应当承担什么责任？

第 5 题

（一）目的

通过分析本题案例，能够运用《合同法》有关担保的知识解决实际问题。

（二）案情

张某做饲料生意，因资金短缺，于 2001 年 6 月 20 日，通过王某介绍并担保向李某借款 5 万元，双方约定月利率为 15‰，还款期限为 2002 年 6 月 20 日。同日由张某出具了借据一份给李某，王某在借据上签名担保。当时在场人还有胡某和庄某。后于 2002 年 3 月 20 日，李某因借据丢失，遂与张某协商，自愿放弃部分利息，将月利率减为 9‰，并由张某重新出具借条一份给李某，同时李某出具了一份证明，证明 2001 年 6 月 20 日张某出具的借据作废给张某。但张、李二人并未将这一情况告诉王某。

后经李某多次催要，张某和王某均未履行还款及保证义务，后李某遂诉至法院，要求张某立即偿还其借款 5 万元及利息，并要求王某承担连带偿还责任。

（三）要求

回答本案中，王某是否是李某与张某变更后的借款合同的担保人？王某是否承担连带责任？

第6题

（一）目的

通过分析本题案例，能够就合同是否违约以及定金的处置作出判断。

（二）案情

甲某与乙某签订了一份租房合同。合同约定：甲某租给乙某一室两厅的房屋一套；每月租金1200元，按季度支付，每季度的第一个星期一交付本季度的租金；租期两年，从2002年10月1日至2004年9月30日止，并约定甲某与2002年9月20日前付定金5000元。合同签订后，甲某于2002年9月15日按照合同付了定金给乙某，乙某当即交房给了甲某，甲某打开房屋查看后，用自己买的锁锁了门。2002年10月8日，甲某找到乙某，提出不租房的要求，并要求乙某退还5000元定金。乙某只同意甲某不租住自己的房屋，但不同意退还定金给甲某。

（三）要求

回答本案中，甲某的行为是否违约，理由是什么？定金应该如何处理？

第7题

（一）目的

通过分析本题案例，能够运用《合同法》有关格式合同的知识分析解决生活中的问题。

（二）案情

李老三和妻子到成都旅游，天晚时，两人到成都市郊的悦来宾馆住宿。在服务台登记交付押金后，领到三层303房间的钥匙，随即到303房间住宿。李老三和妻子每天早晨一早就到外面游玩，晚上享用成都的各种美食后，才回到宾馆休息。住了4天以后，李老三和妻子准备回家，就到服务台办理退房手续。在付房费时，发现数额与在登记住宿的时候所询问的价格不一致。于是，就向服务台提出异议。服务台的工作人员解释说，所收的费用包括住宿费和早餐、晚餐的费用在内。李老三认为其没有在宾馆内用过一次餐，所以不应该支付这笔餐费。服务人员对其出示宾馆的住宿通知，上面其中一条写到："凡在本宾馆住宿的旅客，早餐、晚餐一律由本宾馆提供。不在本宾馆就餐的旅客也按统一标准支付餐费。餐费以每人每天50元计算。"因为宾馆对旅客是否在宾馆内就餐不作记录，所以也无法证明李老三夫妇没有在宾馆内就餐，据此，宾馆服务人员要求李老三和妻子必须支付餐费。李老三认为，在其入住时，宾馆方并未告诉他有这一规定，所以对自己没有约束力。宾馆服务人员认为，旅客入住时，都应当领取住宿通知，虽然李老三和妻子没有领，是由于其本人的原因导致的，与宾馆无关，所以应当支付该笔餐费。为此双方发生纠纷。

（三）要求

请分析：1. 宾馆的住宿通知的性质；

2. 李老三和妻子是否应该支付餐费，为什么？

第 8 题

（一）目的

通过分析本题案例，能够正确判断合同的效力，加深对实践中的合同的认识。

（二）案情

某地农民贾某的父母收藏了一幅齐白石的画，并对此事秘而不宣。其父去世后，贾某在整理遗物时发现了该画。由于贾某文化不高，不知道是齐白石的画的价值。一日，某市国家干部刘某下乡检查工作，住在贾某家，发现了这幅画。于是刘某以极低的价格买下了这幅画。后来，贾某通过电视知道了齐白石画的价值，便通过十分曲折的途径找到刘某，要求刘某退还该画。刘某以双方都是自愿买卖，不存在威胁、欺骗为由，拒绝退回。于是贾某向法院起诉，要求刘某归还该画。

（三）要求

请分析刘某与贾某订立的买卖合同的效力如何，理由是什么？对于贾某的诉讼请求，法院能否支持，为什么？

第五章　市场运行法律制度

一、名词解释

1. 不正当竞争　2. 商业贿赂　3. 回扣　4. 商业秘密
5. 搭售　6. 产品质量　7. 企业质量体系认证制度
8. 生产许可证　9. 消费者　10. 知悉真情权　11. 公平交易权

二、单项选择题

1. 甲厂生产的“露露”牌杏仁饮料在市场上很畅销，乙饮料厂推出“宁露”牌杏仁饮料，其外包装图样、色彩与“露露”几乎一致，但使用的注册商标以及厂名厂址均不同。对此，下列表述中哪一个是正确？（　）

A. 因注册商标以及厂名厂址均不相同，乙厂对甲厂不构成侵权

B. 两种饮料包装外观极其近似，足以造成购买者发生误认，因此乙厂的行为构成不正当竞争

C. “露露”饮料外观标识未获得专利，因此乙厂不构成对甲厂侵权

D. 两种饮料外观虽然近似，但有经验的购买者仔细辨认可以加以区

别，所以乙厂的行为不受法律禁止

2. 下列行为中，属于法定的不正当竞争行为的是哪一种？（ ）

A. 某水产公司有新鲜活鱼一批，不便长期喂养，决定以低于成本的价格销售

B. 某商场为促销进行抽奖活动，最高奖为价值4500元的电视机一台

C. 甲公司为提高本公司产品的市场占有率，通过新闻发布会的方式，向顾客宣传乙公司的产品不如甲公司的

D. 某单位过节为职工发放福利，发给职工购物券，限定单位职工到乙商店购货

3. 下列行为中，属于不正当竞争行为的是哪一种？（ ）

A. 某城市煤气公司在安装管道煤气时，声称：为了安全起见，要求用户必须向其所属的经销公司购买××牌煤气灶，否则，不予供气

B. 某电器城销售电视机，在店内广告牌上写明：凡在本店购买电视机者，给付总价款20%的回扣。经查，该公司给付的回扣，账面上都有明确的记载

C. 某超市以低于成本价的价格销售一批有效期即将届满的奶粉

D. 第三人在不知情下披露他人的商业秘密的行为

4. 经营者可以从事的有奖销售行为有哪些？（ ）

A. 利用有奖销售的机会，推销一批质量不合格的商品

B. 谎称有最高4000元的大奖，其实奖券里边最高中奖额为500元

C. 采用有奖销售的方式推销质量合格商品，但中奖人员经查均是商场工作人员

D. 抽奖式的有奖销售，最高奖的金额为4999元

5. 不允许在公共场合设置的广告有（ ）。

A. 酒类广告　　B. 卫生用品

C. 烟草企业广告　　D. 香烟广告

6. 抽奖式的有奖销售，最高金额超过（ ）元应属不正当竞争。

A. 3000　　B. 5000

C. 10 000　　D. 50 000

7. 经营者的不正当竞争行为给被侵害的经营者造成的损失难以计算的，赔偿额为（ ）。

A. 受害人在被侵权期间所获得的利润

B. 侵权人在侵权期间所获得的利润

C. 侵权人在侵权期间因侵权所获得的利润

D. 侵权人在侵权期间因侵权所获得利润的1倍

8. 下列哪项行为是不正当竞争行为？（ ）

A. 使用知名商品的包装，造成混淆

B. 以低于成本价格销售鲜虾

C. 在不了解情况的前提下为他人制作虚假广告

D. 设置最高奖额为5000元的抽奖式有奖销售

9. 商业贿赂行为是指（　　）。

A. 入账的折扣行为

B. 给中间人佣金

C. 将商品打折卖给对方，但未在账目中体现

D. 低于成本价打折

10. 下列不属于不正当竞争行为的是（　　）。

A. 经营者散布无根据的事实，损害了其竞争对手声誉

B. 投标者事先与招标者达成协议，最后由其中标

C. 煤气公司要求其用户购买某品牌的煤气炉

D. 某公司不知其职员提供的技术信息是某企业商业秘密的泄露，已使用于其产品制造

11. 生产者的首要义务是（　　）。

A. 不生产淘汰产品　　B. 保证产品质量

C. 保证包装符合规定　　D. 保证标识符合规定

12. "售出商品概不退换"侵犯了消费者的（　　）。

A. 自主选择权　　B. 公平交易权

C. 知悉真相权　　D. 依法求偿权

13. 当顾客询问某一商品的情况时，售货员拒不回答，这种行为侵犯了消费者的（　　）。

A. 名誉权　　B. 知情权

C. 选择权　　D. 人格权

14. 消费者因经营者利用虚假广告提供商品或者服务，其合法权益受到损害的，可以向（　　）要求赔偿。

A. 销售者　　B. 经营者

C. 广告的经营者　　D. 广告的制作者

15. 某商店内部规定，顾客购买热水器的同时必须购买某热水管线，此规定侵犯了消费者的（　　）。

A. 知悉真情权　　B. 公平交易权

C. 自主选择权　　D. 获知权

16. 老工人张某在商场A购买了热水瓶，在使用时热水瓶爆炸，烫伤其儿子张平，后查明该不合格热水瓶由厂家B生产，则张平（　　）。

A. 可通过其父向B要求赔偿　　B. 可通过其父向A要求赔偿

C. 可直接向 B 要求赔偿　　D. 可直接向 B 或 A 要求赔偿

17. 消费者协会属于（　　）。

A. 国家行政机关　　B. 国家检察机关

C. 国家司法机关　　D. 社会团体

18. 根据《中华人民共和国消费者权益保护法》（以下简称《消费者权益保护法》）的规定，经营者利用虚假广告提供服务给消费者造成损害的，应承担赔偿责任的是（　　）。

A. 广告设计者　　B. 提供服务者

C. 实施具体服务行为的人员　　D. 广告制造者

19. 根据《中华人民共和国产品质量法》（以下简称《产品质量法》）的规定，负责全国产品质量监督管理工作的机构是（　　）。

A. 国家工商行政管理机构　　B. 国家技术监督局

C. 消费者协会　　D. 国家质量认证机构

三、多项选择题

1.《中华人民共和国反不正当竞争法》（以下简称《反不正当竞争法》）主要规范以下不正当竞争行为（　　）。

A. 采用假冒或仿冒等混淆手段从事市场交易的行为

B. 行为性垄断行为

C. 有奖销售行为

D. 串通投标行为

2. 下列哪些行为是不正当竞争行为？（　　）。

A. 将“珠江”作为注册商标

B. 将“宝洁”字样写在自己商标上

C. 在获取认证之前先将认证标志印在商品包装上

D. 在广告中宣称自己企业所产洗发水能使白发变乌发

3. 以下哪些行为不属于不正当竞争行为？（　　）

A. 以低于成本价销售商品

B. 因转产、歇业而低价销售商品

C. 抽奖式有奖销售，最高金额超过 5000 元

D. 在某次有奖销售中，该主办单位职工获得特等奖

4. 下列产品中，（　　）属于《产品质量法》调整。

A. 计算机　　B. 别墅

C. 自来水　　D. 金银首饰

5. 我国现已批准使用的产品质量认证标志有（　　）。

A. 长城标志　　B. PRC 标志

C. 方圆标志　　　　　　　　　　D. 纯羊毛标志

6. 产品或其包装上的标识应当具有（　　）表示。

A. 产品中文名称　　　　　　　　B. 生产厂中文厂名

C. 质量检验合格证明　　　　　　D. 生产厂中文厂址

7. 销售者承担瑕疵担保责任的方式包括（　　）。

A. 修理　　　　　　　　　　　　B. 更换

C. 退货　　　　　　　　　　　　D. 赔偿损失

8. 消费者陈某与厂商A发生了消费者权益纠纷，则陈某可以通过下列方式寻求解决（　　）。

A. 与厂商A和解

B. 请求消费者协会解决

C. 向有关行政部门申诉

D. 有仲裁可能的，向仲裁机构提起仲裁

9. 下列几项中，甲公司哪些行为属于侵犯商业秘密的行为？（　　）

A. 某经营信息是他人违反权利人有关保守商业秘密的要求而披露，甲公司在不知情的情况下对该信息加以使用

B. 某经营信息是他人违反约定而对外披露的，甲公司明知这一情况仍加以使用

C. 甲公司违反权利人有关保守商业秘密的要求，允许他人使用其所掌握的商业秘密

D. 甲公司以不正当手段获取某商业秘密后又将该商业秘密再次披露

10. 下列行为属于招标投标中的不正当竞争行为的是（　　）。

A. 投标者甲公司在其投标之前，通过招标者私下获得其他投标者的投标条件的行为

B. 招标者向投标者乙透露标底的行为

C. 投标者甲公司与其他众多投标者串通投标，压低标价的行为

D. 参加投标的经营者通过口头形式，就投标条件相互沟通的行为

11. 个体工商户王某经营服装生意，夏季来临，他发现乙厂生产的"娇爽"牌真丝内衣很畅销。于是他在丙商场租赁一柜台用于销售"娇爽"牌真丝内衣，并采取下列促销措施，其中属于不正当竞争行为的是（　　）。

A. 以乙厂厂家的名义直销"娇爽"牌内衣

B. 举办抽奖式销售活动，最高奖为价值400元的防寒服一件

C. 以明示的方式给购买者折扣，但没有入账

D. 所雇用的销售人员都身着丙商场的工作服，佩带丙商厂营业标志

12. 依据《反不正当竞争法》的有关规定，当事人对于监督检查部门作出的处罚决定不服时怎么办？（　　）

A. 可以自受到处罚决定之日起15日内向上一级主管机关申请复议，该复议决定为终局裁决

B. 当事人受行政复议前置的限制，必须先向上一级主管机关申请复议，对复议决定不服的，可以自收到复议决定之日起15日内向人民法院起诉

C. 当事人不受行政复议前置的限制，对复议决定不服的，可以自收到复议决定之日起15日内向人民法院起诉

D. 当事人既可以申请复议，也可以直接向人民法院起诉

13. 经营者以低于成本的价格销售商品时，以下哪些行为不属于不正当竞争行为？（　）

A. 经营者为清偿债务而销售商品的行为

B. 经营者销售非季节性的商品的行为

C. 经营者销售有效期即将过期的商品的行为

D. 经营者销售非积压商品的行为

14. 1995年4月，咸阳机场所属的开发公司与港商合资兴办的“兴港”公司的出租车投入运营，从此，咸阳机场就不允许其他出租车进入机场运送乘客。机场的这种行为属于（　　）。

A. 机场不属于公用企业的范围，因而机场的行为不构成不正当竞争行为

B. 机场的行为属于正常的业务管理行为，不属于不正当竞争行为

C. 机场属于公用企业的范围，其行为已构成不正当竞争行为

D. 机场的行为属于公用企业的限制竞争行为，即限制排挤行为

四、判断题

1. 广告主既是广告的所有人，又是广告的收益人和广告责任的主要承担者。（　　）

2. 不适于未成年人使用的商品的广告，不得有未成年人参加演示。（　　）

3. 广告主或广告经营者在广告中使用他人名义、形象等，不必事先取得他人的书面同意。（　　）

4. 广告中不得使用国家级、最高级、最佳等用语。（　　）

5. 以低于成本的价格销售商品的行为均应视作不正当竞争行为。（　　）

6. 有奖销售行为是违法行为。（　　）

7. 公用企业不得限定他人购买其指定的经营者的商品。（　　）

8. 某广告商为企业制作了广告并在社会上广为宣传，后查明甲的广告内容是虚假的。广告商的行为触犯了《反不正当竞争法》。（　　）

9. 违反《反不正当竞争法》给他人造成损害的，应赔偿受侵害者的损失，若无法计算该损失，则赔偿额为侵害人因侵权所获利润。（　）

10. 产品标识必须标注在产品上。（　）

11. 由于受害人的过错造成损害的，生产者、销售者不承担赔偿责任。（　）

12. 生产、销售假药、劣药，足以危害人体健康的，依法追究生产者、销售者的刑事责任。（　）

13. 农民购买、使用直接作用于农业生产的生产资料，不适用《消费者权益保护法》。（　）

14. 消费者有权要求经营者提供商品的生产者、生产日期、检验合格证等，经营者不能拒绝。（　）

15. A 公司将其营业执照借给个体户王某，王某在经营过程中对消费者江某造成损害，则江某只能向 A 公司要求赔偿。（　）

16. 对实行“三包”的商品经两次修理仍不能正常使用的，经营者应负责更换或退货。（　）

17. 当消费者向经营者索要购货凭证或服务单据时，经营者必须出具。（　）

18. 商业秘密是指凡不为公众所熟悉的技术信息和经营信息。（　）

五、简答题

1.《反不正当竞争法》规定的不正当竞争行为有哪些？

2.《产品质量法》对生产者的禁止性、限制性规定是什么？

3. 销售者对产品质量的义务是什么？

4. 产品质量认证与企业质量体系认证的主要区别是什么？

5.《消费者权益保护法》赋予了消费者哪些权利？

6. 经营者对消费者负有哪些义务？

7. 经营者在损害消费者权益时应承担刑事责任的情况有哪些？

六、案例分析

第 1 题

（一）目的

通过本案例，使学生能正确识别不正当竞争行为的类型，从而了解不正当竞争的危害及应当承担的法律责任。

（二）案情

甲、乙两厂均为某市生产饮料的企业，饮料的注册商标分别为 A 和 B。其中，甲厂是老牌企业，乙厂是后起之秀。由于乙厂饮料质优价廉，销路很好，导致甲厂的经济效益下降。甲厂为在竞争中取胜，在该市电视台加大广告宣传力度，广告词中称：目前本市有一些厂家生产的同类产品，与本厂生产的保健饮料在质量上有根本差别，系本厂产品的仿制品，唯有本厂生产的A牌饮料不含化学成分，是正宗绿色传统饮品，特提请广大消费者注意，购买保健饮料时请认准A牌商标，谨防上当受骗。甲厂的广告在市电视台播出后，许多经营乙厂保健饮料的客户纷纷找乙厂退货，称其为仿制产品，致使乙厂生产严重滑坡，造成10万元的经济损失。于是，乙厂向工商行政管理局反映，要求处理此事。

（三）要求

根据以上案情，回答下列问题：

1. 甲厂的行为性质是什么？

2. 工商行政管理机关应如何处理此案？

3. 乙厂是否有权要求赔偿损失？损失额应当如何计算？

第2题

（一）目的

通过本案例，使学生加深对《产品质量法》的认识，并了解受害人因产品质量问题受到损害后索赔的途径。

（二）案情

消费者黄某在南宁市五金交电公司G购买了一个长沙电子仪器厂N生产的电视机保护器。该产品说明书上说：安装该产品能防雷，黄某见电视机上放着电视保护器，以为在打雷时可以放心地看电视。岂料，已安装了保护器的彩色电视机被雷击毁。电视机的整套集成电路被损坏，但尚未造成人员伤亡。黄某就此问题向消费者协会投诉，消费者协会接到投诉后，会同有关技术部门对电视机进行了检查。经调查证实，电视机被击毁确实是由于电视机保护器有质量问题，没有起到真正的保护作用所致。于是，黄某以五金交电公司G销售不合格产品使消费者蒙受经济损失为由，以G为被告向法院提起诉讼，要求其赔偿损失。而G认为，电视机是电子仪器厂N生产的，应由N承担赔偿责任。

（三）要求

分析本案中，黄某的损失应该由谁来承担？

第3题

（一）目的

通过本案例，使学生了解《产品质量法》中对特殊产品包装的规定，以及产品受到损害后责任的承担问题。

（二）案情

广东工艺品商店M购买了空调器专卖商场X的立式空调器，价值人民币

12 万元。在专业人员前来安装时，发现这 4 台空调中有 2 台因运输途中倒置而造成空调压缩机故障，经原生产厂家检修空调才得以恢复正常，商店却为此支付了修理费和材料费近 2 万元。对费用偿付问题商店 M 与专卖场 X 商量未果，诉讼至区法院。诉讼中，经法院调查了解，故障是由于运输途中倒置而产生的，倒置发生于从专卖商场 X 至商店 M 的途中。经找运输单位了解，装卸工均称：这 4 台空调的包装箱没有不能倒置的警示标志，也无文字说明，装车时也就没有特别注意，才造成 2 台空调的倒置。

原来，空调专卖商场 X 为扩大本商场的知名度，专门到一纸箱厂订制了一批包装专用箱用来包装由商场 X 出售的空调器。新包装箱运到的同一天，工艺品商店 M 刚好来购买空调，于是从生产厂家的包装箱里取出空调。经试机后，机器性能良好，空调被再次装入商场 X 自己订制的包装箱送往工艺品商店 M。由于纸箱厂在印刷时，漏印了不能倒置的警示标志，造成了事故的发生。

（三）要求

分析本案中，工艺品商场 M 的损失应由谁来负责？为什么？

第 4 题

（一）目的

通过本案例，让学生熟悉《产品质量法》与《消费者权益保护法》的相关内容，从而了解消费者的求偿权。

（二）案情

1993 年 6 月 9 日，石某从某商品批发店购买了 40 箱啤酒，并且用卡车将啤酒拉回家中。当石某卸货至第 36 箱时，其中一瓶啤酒突然爆炸，致使石某右眼球受伤，后因医治无效，石某右眼失明。由于石某在运输和搬动啤酒的过程中没有任何过错，于是他向某商品批发店要求赔偿，但商店称啤酒瓶的爆炸可能是由于厂家生产时质量不合格而致，自己并没有过错，因此要石某向厂家索赔，石某遂诉至法院。

（三）要求

分析本案中：

1. 生产厂家能满足石某的诉讼请求吗？
2. 石某能否直接向该出售啤酒的商品批发店请求赔偿？
3. 人民法院如何解决该项纠纷？

第 5 题

（一）目的

本案例是集《反不正当竞争法》、《产品质量法》和《消费者权益保护法》于一体的综合性案例，强调消费者的权利和寻求保护的途径。

（二）案情

居民甲在某商场购得一台“多功能食品加工机”，回家试用后发现该产品只有一种功能，遂向商场提出退货。商场答复："该产品说明书未就其性能作明确说明，这是厂家的责任，所以顾客应向厂家索赔，商场概不负责。"

（三）要求

根据以上案情，回答下列问题：

1. 该产品存在什么问题？
2. 谁应对该产品负责？
3. 居民甲有什么权利？

第 6 题

（一）目的

通过本案例，使学生了解消费者在接受服务时应享有哪些权利以及经营者是否能以提供免费服务为由拒绝承担责任。

（二）案情

李某与女友元旦在某花园大酒店举行婚礼，宴请各方宾朋。肖某乘兴与同桌划拳斗酒，因拳技不佳，频频输酒，肖某只好将瓶中酒一饮而尽。顿时，他觉得喉咙似有一硬物卡住，并不时有阵阵的刺痛。肖某马上到附近医院就诊，经过医生的仔细观察，诊断证明其喉咙被一细铁丝卡住。肖某于当天动了手术，并在医院躺了一个星期，前后共花去各项费用 3200 元。原本尽兴而去却是伤痛而回，肖某认为都是酒中铁丝惹的祸，于是就到酒店讨说法，要求赔偿损失。酒店以酒水免费为由拒绝赔偿。无奈，肖某只好诉至法院，请求法院判决酒店赔偿其损失 3200 元。

（三）要求

分析本案中，酒店应否承担赔偿责任？

第 7 题

（一）目的

通过本案例，使学生了解经营者是否有保证赠品质量的义务，从而进一步掌握消费者的权利和经营者的义务。

（二）案情

某生意人李先生到某大型商场购买手机，一新款手机的促销牌上明确写着：凡购买本款手机者均赠送手机电池一块，数量有限，送完为止。李先生随即购买了该手机，并获赠电池一块。商家开具了手机的产品质量保证单，保质期为半年。后李先生在一次业务洽谈中由于手机出现故障造成损失，经查是由于赠送的手机电池有质量问题，此时距购买手机的时间仅为 15 天。李先生找到商家要求赔偿，但商家以赠送的商品不保证质量为由拒绝，李先生遂向法院提起诉讼。

（三）要求

分析本案中，经营者是否应当对附赠商品的质量承担保证义务？

第六章　知识产权法律制度

一、名词解释

1. 知识产权　　2. 职务发明创造　　3. 专利强制许可
4. 商标　　5. 商标强制注册　　6. 注册商标专用权
7. 著作权　　8. 著作权许可使用合同

二、填空题

1. 法律界普遍认为，知识产权的保护具有__________、__________和__________等法律特征。

2. 发明人或设计人，是指对发明创造的__________特点做出__________贡献的人。

3.《中华人民共和国专利法》（以下简称《专利法》）所规定的保护对象包括__________、__________和__________三种类型。

4. 我国《专利法》规定："授予专利权的发明和实用新型，应当具备__________、创造性和__________。"

5. 依据我国《专利法》规定，专利转让时应注意：一是中国单位或者个人向外国人转让专利申请权或者专利权的，必须经__________批准。二是转让专利时，双方须订立__________合同，并向国务院专利行政部门登记，由国务院专利行政部门予以公告。专利申请权或者专利权的转让自__________之日起生效。

6. 在处理侵犯专利权的__________时，专利管理机关应当事人的请求可以进行调解；调解不成的，当事人可以依照《中华人民共和国民事诉讼法》（以下简称《民事诉讼法》）向人民法院起诉。

7. 按商标的知名度标准可以将商标分为：__________、__________和__________等。

8. 商标注册优先权原则，是指申请人第一次在__________成员国就一件商标提出注册申请后__________个月内，又向其他成员国提出同样的申请，则其他成员国必须以其__________申请日为有效申请日期，任何第三人就同一商标提出申请时都不影响其权利的获得。

9. 我国对申请注册的商标实行审查制度，即对申请注册的商标不仅要进行__________审查，而且还要进行__________审查。

10. 商标权的保护范围，以__________的商标和__________的商品为依据。

11.《中华人民共和国著作权法》（以下简称《著作权法》）规定：“著作权属于________，本法另有规定的除外”。

12. 虽然计算机软件可自动获得《著作权法》的保护，软件登记是非强制性的，但登记证明文件是软件著作权人有效或者登记申请文件中所述事实的________证明。登记获准后，由管理机关向社会公告软件作品。凡已登记的软件发生转让活动时，受让方应当在转让合同正式签订后________个月内向软件登记管理机关备案，否则不能对抗第三人的侵权活动。

三、单项选择题

1. 下列选项（　　）中知识产权保护期限取决于当事人的行为，而不受法律时间限制。

A. 著作权、外观设计专利权、植物新品种权

B. 商标权、商业秘密权

C. 计算机软件著作权、邻接权、实用新型专利权

D. 发明专利权、商标权、植物新品种权

2. 2006年6月18日，张工程师与李教授就同样的发明创造各自向我国专利机关申请发明专利。张工程师是这天上午正式提出申请的，李教授是这天下午正式提出申请的。依法应（　　）。

A. 两人共同成为申请人　　B. 两人自行协商确定申请人

C. 张工程师为唯一申请人　　D. 两人都不能成为申请人

3. 对专利复审委员会宣告专利权无效或者维持专利权有效的决定不服的，自收到专利复审委员会上述通知之日起（　　）可以向人民法院提起行政诉讼。

A. 30天内　　B. 3个月内

C. 6个月内　　D. 12个月内

4. 专利复审委员会宣告无效的发明专利权，视为（　　）。

A. 自始即不存在

B. 自宣告无效日起即不存在

C. 自申请宣告无效日起即不存在

D. 自发明专利申请公布日起即不存在

5. 对专利侵权纠纷进行处理的各地管理专利工作的部门，应当事人的请求，可以就侵犯专利权的赔偿数额进行（　　）。

A. 裁决　　B. 判决

C. 调解　　D. 仲裁

6. 为生产经营目的使用或者销售不知道是未经专利权人许可而制造并售出的专利产品，能证明其使用或者销售的产品具有合法来源的，依法

(　　)。

A. 承担全部赔偿责任　　B. 不承担赔偿责任

C. 与制造商共同承担赔偿责任　　D. 承担部分赔偿责任

7. 甲公司和乙公司于2005年10月8日向国家商标局申请注册“蓝天”商标，使用在家用电器上。其中，甲公司是当天上午提出申请的，乙公司是当天下午提出申请的。经查明，甲公司在2005年5月5日已使用该商标，乙公司在2005年3月2日已使用该商标。依据《商标法》的规定，该商标专用权应授予(　　)。

A. 甲公司　　B. 乙公司

C. 甲公司与乙公司协商处理　　D. 甲公司与乙公司共同享有

8. 转让注册商标的，转让人和受让人应当签订转让协议，并共同向商标局提出申请。受让人(　　)享有商标专用权。

A. 自转让协议签订之日起

B. 自双方向商标局提出申请之日起

C. 自商标局核准之日起

D. 自商标局公告之日起

9. 好望角公司是一家生产销售红木家具的企业。2006年8月该公司拟准备将含有下列标志的商标进行申请注册。根据我国法律的规定，下列标志中不得作为注册商标使用的是(　　)。

A. 红领巾　　B. 太行山

C. WTO　　D. 八达岭长城

10. 根据《中华人民共和国商标法》(以下简称《商标法》)规定，下列商品中必须使用注册商标的是(　　)。

A. 核磁共振治疗仪　　B. 墙壁涂料

C. 无糖饮料　　D. 烟丝制品

11. 商标权人在注册商标有效期满前，未能办理续展注册手续，它可以在注册商标有效期满之日起(　　)内继续办理续展注册手续。

A. 6个月　　B. 9个月

C. 12个月　　D. 18个月

12. 某酒厂生产的“天下景”牌葡萄酒，其包装正面和两侧的图形、字体、色彩均与已在我国注册的驰名商标“娃娃哈”牌婴儿护肤品的包装盒相似，其封口上印的标识也与“娃娃哈”牌婴儿护肤品封口相近似。该厂所在地的工商局发现后，责令该厂停止销售这种葡萄酒，收缴其全部外包装，并处以罚款。关于本案的以下意见，正确的是(　　)。

A. 该厂使用的是商品装潢，不构成侵犯他人商标专用权

B. 葡萄酒与“娃娃哈”牌婴儿护肤品不是同类产品，故本案不存在侵

权问题

C. “娃娃哈”是驰名商标，根据《商标法》规定，其保护范围扩大，工商行政管理机关有权查处

D. 本案在“娃娃哈”生产厂家未提出控告的情况下，工商行政管理机关无权查处

13. 根据我国的著作权取得制度，下列哪一选项的内容符合我国公民著作权产生的情况？(　　)

A. 随作品的发表而自动产生

B. 随作品的创作完成而自动产生

C. 在作品上加注版权标记后自动产生

D. 在作品以一定的物质形态固定后产生

14.《胡同史话》一书由王某编纂，李某提供史料和咨询意见，于某进行书稿录入，张某协助联系出版事宜。《胡同史话》一书的著作权属于(　　)。

A. 王某　　B. 王某和李某

C. 王某和于某　　D. 王某和张某

15. 甲经乙许可，将乙的小说改编成电影剧本，丙获该剧本手稿后，未征得甲和乙的同意，将该电影剧本改编为电视剧本并予以发表。下列对丙的行为的说法（　　）是正确的。

A. 侵犯了甲的著作权，但未侵犯乙的著作权

B. 侵犯了乙的著作权，但未侵犯甲的著作权

C. 不构成侵权

D. 同时侵犯了甲的著作权和乙的著作权

16. 李某以 9 万元价格从画家郑某处购得书法作品 12 幅。李将该书法作品原件提供给某出版社制成年历公开销售。李某的行为属于(　　)。

A. 行使自有财产所有权　　B. 侵犯郑某的作品原件的所有权

C. 侵犯郑某作品的著作权　　D. 行使郑某授予李某的著作权

四、多项选择题

1. 依据我国《专利法》的规定，专利申请的原则主要有（　　）。

A. 单一性原则　　B. 申请在先原则

C. 使用在先原则　　D. 优先权原则

2. 下列选项中（　　）属于我国《专利法》规定不授予专利权的发明创造。

A. 动物新品种　　B. 新烹饪调料

C. 高血压治疗新方法　　D. 超导新技术

3. 依据我国《专利法》规定，专利转让时应注意的要求有（　　）。

A. 中国单位或者个人向外国人转让专利申请权或者专利权的，必须经国务院有关主管部门批准

B. 中国单位或者个人向本国人转让专利申请权或者专利权的，必须经国务院有关主管部门批准

C. 转让专利时，双方须订立书面合同，并向国务院专利行政部门登记，由国务院专利行政部门予以公告

D. 专利申请权或者专利权的转让自国务院专利行政部门登记之日起生效

4. 专利权的内容主要是指专利权人依法取得专利后享有的权利，其主要有（　　）。

A. 专利专有权　　B. 转让权

C. 许可使用权　　D. 投资权

5. 专利纠纷包括专利侵权纠纷和专利合同纠纷。对此，专利权人或利害关系人可以通过哪些途径维护自身的合法权益？（　　）

A. 请当地专利管理机关调解　　B. 到法院起诉

C. 提请市政府处理　　D. 依法协商解决

6. 下列文字或图形中不能作为商标的有（　　）。

A. 同我国名称、国旗、国徽相同或相近的

B. 同外国名称、国旗、国徽、军旗相同或相近的，该政府同意的除外

C. 同“红十字”、“红新月”的标志名称相同或相近的

D. 带有民族歧视的

7. 甲公司许可乙公司使用其注册商标“爱丽斯”，乙公司必须（　　）。

A. 在使用“爱丽斯”商标的商品上注明商品的产地

B. 在使用“爱丽斯”商标的商品上注明乙公司的名称

C. 将商标使用许可合同报商标局核准

D. 将商标使用许可合同报商标局备案

8. 我国《商标法》规定，商标可以是（　　）。

A. 文字、字母或数字　　B. 气味或音响

C. 颜色的组合　　D. 文字和图形的组合

9. 下列哪些使用作品的行为，除著作权人声明不许使用的外，可以不经著作权人许可，但应当支付报酬。（　　）

A. 将报纸期刊登载的文章汇编成图书出版

B. 将文字作品片断编入中小学教科书

C. 将期刊上的作品在报纸上转载

D. 为学习研究目的而使用作品

10. 2006 年黄某创作了随笔《生命中的阳光》，由《知音》杂志第八期全文登载，不久黄某病逝。此书的下列著作权权项中可由黄某继承人享有的是（　　）。

A. 发表权　　B. 署名权

C. 改编权　　D. 翻译权

11. 根据《著作权法》的规定，著作权人享有的复制权等财产权可通过（　　）的方式行使。

A. 许可他人行使　　B. 转让给他人行使

C. 自己行使　　D. 授权著作权集体管理组织行使

12. 《著作权法》中所谓的邻接权是指在传播作品过程中传播者所享有的权利。依据《著作权法》规定，邻接权的客体主要有（　　）。

A. 表演者的表演　　B. 录制者的录音录像

C. 广播者的广播节目　　D. 出版者的出版刊物

五、判断题

1. 知识产权是指对智力劳动成果所享有的占有、使用、处分和收益的权利，它属于有形财产权。（　　）

2. 专利申请人就是发明人或设计人。（　　）

3. 发明成果一旦获得一国的专利权，即在世界各国都受到法律保护。（　　）

4. 对驳回专利申请的决定不服的，专利申请人可以自收到通知之日起三个月内，向专利复审委员会请求复审。专利复审委员会的复审决定是终局性决定。（　　）

5. 在我国，专利只包括发明专利、实用新型专利和外观设计专利。（　　）

6. 我国实行商标自愿注册原则，即商标使用人根据实际需要和自己意愿，自主决定商标注册申请并取得商标专用权。（　　）

7. 县级以上行政区划的地名或者公众知晓的外国地名，不得作为商标。但是，地名具有其他含义或者作为集体商标、证明商标组成部分的除外；已经注册的使用地名的商标继续有效。（　　）

8. 我国《商标法》对注册的驰名商标实行核准使用商品保护法律制度。（　　）

9. 著作财产权属于公民的，公民死亡后，可按《继承法》继承。（　　）

10. 计算机软件是《专利法》保护的对象。（　　）

11. 《著作权法》对作品的保护有期限的限制。（　　）

12. 著作权许可使用合同可以采用书面形式、也可采用口头形式，还可采用其他形式。（　　）

六、简答题

1. 简述当事人对专利申请处理决定不服的救济程序。
2. 我国《专利法》在专利权的限制主要体现在哪些方面？
3. 当事人在转让注册商标权时应注意哪些法律行为？
4. 简述我国法律对驰名商标的特别保护。
5. 著作权许可使用合同的主要内容有哪些？
6. 在著作权纠纷中，被告的抗辩理由主要有哪些？

七、案例分析

第 1 题

（一）目的

通过本案例，使学生辨别和掌握专利权的主体、专利申请权和专利归属的相关法律规定。

（二）案情

红叶机械有限公司（简称红叶公司）委托机械智能研究所（简称研究所）研发一种节能新设备，并提供研发经费 50 万元，但双方在签订的委托开发合同中未约定研发完成的发明创造的专利申请权（即申请专利的权利）归谁享有。研究所将这一研发任务交给了本所工作人员俞教授等三人组成的课题组，在该所内部的研发承包合同中约定，研发完成的发明创造的专利申请权归属俞教授等三人。

2006 年 7 月，课题组如期完成了这一节能新设备的研发并准备申请专利，但在享有专利申请权的问题上产生了纠纷。研究所认为该成果属于职务发明创造，承包合同中关于专利申请权归属俞教授等三人的约定依法不能成立，应当由研究所单独享有专利申请权。红叶公司则认为这是其委托研究所并提供 80 万元研发经费而完成的发明创造，所以应当由红叶公司单独享有专利申请权。俞教授等三人认为根据研究所内部的研发承包合同约定专利申请权应归属于他们。

（三）要求

根据以上案情，请回答：研究所、红叶公司、俞教授等三人的观点，哪一个能够依法成立，为什么？

第 2 题

（一）目的

通过本案例，使学生辨别和掌握注册商标专用权和商标许可使用的法律规定。

（二）案情

2004年4月，原、被告订立合同。根据合同约定，原告许可被告使用其注册商标，使用期限为两年，使用范围限于中国内地地区；被告向原告支付许可使用费，原告同时有权监督被告的产品质量，被告应在其生产的产品上标明产地。合同签订后不久，被告生产车间发生了一起意料不到的大火，半年内难以恢复生产。2004年6月，被告与另外一家金明公司订立许可合同，许可其使用原告的注册商标，并收取了许可费。一个月后，原告发现了新的竞争对手的存在，于是要求被告解除与金明公司合同，但被拒绝。原告于是向法院起诉，要求追究被告的侵权责任。

（三）要求

根据《商标法》的规定，请回答被告是否构成侵权，为什么？

第3题

（一）目的

通过本案学习，我们不但要把握《商标法》对注册商标专用权的保护，而且还要运用《商标法》知识中的抗辩理由，以维护自身的合法利益。

（二）案情

成都福兰德公司（以下称“原告”）于2004年向国家商标局申请注册的商标“PDA”，核定使用范围为第九类。为了扩展网络市场，原告准备将PDA注册为域名的时候，发现弥天业经贸有限公司（以下称“被告”）于2005年10月注册了“pda. com. cn”域名。原告以商标侵权和不正当竞争为由向法院起诉。被告在诉讼中辩称，原告的注册商标是与其核准使用商品即电子记事簿类产品的通用名称，不符合注册条件。被告向商标管理机关申请裁定原告注册商标无效。在裁定前，法院中止本案审理。

（三）要求

根据《商标法》的规定，分析被告的抗辩理由是否成立，为什么？

第4题

（一）目的

通过本案分析处理，使同学们熟悉和掌握著作权的运用规则，为正确行使著作权维护自身合法利益提供法律帮助。

（二）案情

2004年9月，文学互联通讯技术有限公司（被告）在其网站上建立了“小小说”栏目。他人将郑国志（原告）的文学作品通过E-Mail方式提供到被告的网站上后，被告将其存储在其公司计算机系统内并通过WWW服务器在国际互联网上传播。联网主机用户只要进入被告的网站主页，点击页面中“小小说”栏目，并点击“当代中国”页面后，再点击原告的作品《梦想中国》、《北方的河》，即可浏览或下载该作品的内容。

（三）要求

试问，被告的行为是否侵犯原告的著作权，为什么？

第七章　金融法律制度

一、名词解释

1. 金融　2. 金融法　3. 中央银行　4. 商业银行

5. 票据法　6. 本票　7. 证券交易所　8. 期货交易

9. 操纵市场　10. 虚假陈述

二、填空题

1. 中国人民银行是在__________领导下的金融监督管理机关。

2. 商业银行办理存款业务的基本原则是__________、__________、__________、__________。

3. 我国的三家政策性银行是__________、__________、__________。

4. 我国目前四家国有独资商业银行是__________、__________、__________、__________。

5. 票据当事人可以按在票据行为中的先后顺序分为__________、__________。

6. __________是出票人签发的，要求委托付款人在见票时或指定的到期日，向持票人无条件支付确定金额的票据。

7. 法律禁止企业签发__________支票和__________。

8. 通过证券交易所的证券交易，投资者持有一个上市公司的已发行股份的__________时，继续进行收购的，应当依法向该上市公司所有股东发出收购要约。

9. 公司公开发行股票必须依照有关法律规定报经__________核准。

10. 根据《证券法》的规定，证券在交易所挂牌交易，应当采取公开的__________的交易方式。

三、单项选择题

1. 下列哪些业务是商业银行不能从事的？（　）

A. 买卖证券　B. 提供保管箱服务

C. 代理保险业务　D. 办理票据贴现

2. 公司为了职工福利，模仿人民币样式印制了公司内部票券，并且流入市场，该公司的行为属于（　　）。

A. 伪造人民币　　B. 变造人民币

C. 非法使用人民币图样　　D. 非法印制、发售代币票券

3. 对于个人储蓄存款，商业银行在（　　）的情况下可以办理查询、冻结和扣划手续。

A. 法律有规定　　B. 行政法规有规定

C. 地方法规有规定　　D. 部门规章有规定

4. 下列票据中，属于《票据法》所规定的票据是指（　　）。

A. 股票　　B. 发票

C. 支票　　D. 钞票

5. 下列事项中，不属于支票应记载的事项是（　　）。

A. 无条件制服的承诺　　B. 付款日期

C. 确定的金额　　D. 付款人的名称

6. 我国《证券法》上所指的证券仅限于（　　）。

A. 货币证券　　B. 货物证券

C. 资本证券　　D. 可转让证券

7. 公开发行的证券票面超过人民币（　　），应由承销团承销。

A. 5000 万元　　B. 1 亿元

C. 100 万元　　D. 3000 万元

8. 在我国，依据法律规定，公司可以在（　　）的情况下取得自己的股份。

A. 减少公司资产　　B. 实行股票期权计划

C. 实行职工持股计划　　D. 遭到敌意收购时

9. 证券交易所设立，需经（　　）批准。

A. 中国证券委　　B. 中国人民银行

C. 国务院　　D. 中国银监会

10. 大股东在买进股票后多长时间内不得卖出该股票？（　　）

A. 3 日内　　B. 1 月内

C. 1 年内　　D. 半年内

11. 下列关于中国人民银行执行货币政策的表述，哪个是正确的？（　　）

A. 中国人民银行在全国人民代表大会领导下独立执行货币政策

B. 中国人民银行在全国人民代表大会领导下与国家财政部共同执行货币政策

C. 中国人民银行在国务院领导下独立执行货币政策

D. 中国人民银行在国务院领导下与国家财政部共同执行货币政策

12. 下列银行中适用《商业银行法》的是（　　）。

A. 国家开发银行　　B. 中国进出口银行

C. 中国银行　　D. 中国人民银行

13. 我国商业银行的性质属于（　　）。

A. 国家机关　　B. 企业法人

C. 事业法人　　D. 财团法人

14. 中国人民银行规定商业银行逾期贷款余额和各项贷款余额的比例不得超过（　　）。

A. 15%　　B. 10%

C. 8%　　D. 6%

15. 有权批准金融机构在境外发行货币债券的机构是（　　）。

A. 国务院　　B. 国务院外汇管理部门

C. 中国银行　　D. 货币政策委员会

16. 工行甲分行于2000年7月21日向建设银行乙分行拆借资金5000万元用于弥补票据结算资金的不足，工行甲分行必须向建行乙分行归还该笔拆借资金的最迟合法时间是（　　）。

A. 2000年8月21日　　B. 2000年9月21日

C. 2000年10月21日　　D. 2000年11月21日

17. 下列哪种行为属于逃汇行为？（　　）

A. 违反国家规定，以人民币支付或者以实物偿付应当以外汇支付的进口货款或者其他支出

B. 违反国家规定，擅自将外汇存放在境外

C. 以人民币为他人支付在境内费用，由对方付给外汇的

D. 以虚假或者无效的凭证、合同、单据等向外汇指定银行骗购外汇

18. 根据《商业银行法》，企业事业单位可以自主选择一家商业银行的一个营业场所开立一个办理日常转账结算和现金支付的账户，这个账户是（　　）。

A. 一般账户　　B. 基本账户

C. 临时账户　　D. 专用账户

四、多项选择题

1. 下列商业银行实施的行为中，哪些行为违反了《商业银行法》的规定？（　　）

A．用同业拆借的资金弥补联行汇差头寸的不足

B．向行长配偶任职的公司发放信用贷款

C. 与关系密切的客户达成代销公司债券的协议

D．规定借款人不提供担保的一律不发放贷款

2. 下列属于我国商业银行的是（　　）。

A. 中国光大银行　　B. 中国银行

C. 中国工商银行　　D. 中信实业银行

3. 中国人民银行的职责有（　　）。

A. 代理政府经营国库

B. 发布金融监管的规章

C. 维护支付、清算系统的正常运行

D. 确定中央银行基准利率

4. 商业银行用于同业拆借的拆出资金限于（　　）。

A. 归还中国人民银行到期贷款之后的闲置资金

B. 留足备付金后的资金

C. 交足存款准备金后的资金

D. 留足当月到期的偿债资金后的资金

5. 汇票必须记载的事项包括（　　）。

A. 无条件支付的委托　　B. 确定的金额

C. 付款人的名称　　D. 付款的地点

6. 本票必须记载的事项包括（　　）。

A. 无条件支付的承诺　　B. 收款人的名称

C. 付款的地点　　D. 出票人的签章

7. 目前，我国允许在证券交易所挂牌上市的证券有（　　）。

A. 股票　　B. 公司债券

C. 可转换公司债券　　D. 基金券

8. 下列哪些机构的从业人员在任期或者法定期限内，不得直接或者以化名、借他人名义持有、买卖股票，也不得收售他人赠送的股票？（　　）

A. 证券交易所从业人员　　B. 证券公司从业人员

C. 证券登记结算机构从业人员　　D. 证券监督管理机构从业人员

9. 在证券市场上，可以成为证券发行人的有（　　）。

A. 政府　　B. 金融机构

C. 企业　　D. 国有有限责任公司

10. 证券交易所作为场内交易的组织者和管理者，除了承担证券上市审核职责外，还承担着对证券交易所的监督管理，这体现在（　　）。

A. 制定证券交易及管理规则　　B. 实时监控

C. 证券的托管　　D. 技术性停牌和临时停市

11. 根据《证券法》和《公司法》的规定，下列关于证券交易限制情形的表述哪些是正确的？（　　）

A. 发行人所持股票，在公司成立之日起 3 年内不得转让

B. 公司董事、经理、监事在任职期间不得转让本公司股票

C. 持有一个公司已发行股份的 5% 的股东，其股票在买入后 6 个月内不得卖出

D. 公司绝对控股的股东，其股票于购入之日起 1 年内不得转让

12. 下列商业银行同业拆借的行为，哪些违反了法律规定？（　　）

A. 约定拆借期限为 6 个月

B. 用拆入资金发放房地产开发项目贷款

C. 拆出资金为交足存款准备金之前的闲置资金

D. 将拆入资金用于解决临时性周转资金的需要

13. 选项所列哪些属于商业银行的主要经营范围？（　　）

A. 买卖政府债券　　B. 提供保管箱服务

C. 代理保险业务　　D. 提供信用证服务及担保

14. 下列有关中国人民银行业务活动的表述中，哪些是正确的？（　　）

A. 中国人民银行可以决定对商业银行贷款的数额、期限、利率和方式，但贷款的期限不得超过一年

B. 中国人民银行不得向政府财政透支

C. 中国人民银行可以直接认购、包销国家和其他政府债券

D. 中国人民银行不得向任何单位和个人提供担保

15. 根据《商业银行法》的规定，下列有关商业银行的表述中哪一项是不正确的？（　　）

A. 商业银行既可以是国有独资银行，也可以是非国有的股份制银行

B. 商业银行是依照《商业银行法》而非《公司法》设立的

C. 经中国人民银行批准成立的商业银行的分支机构依法独立承担民事责任

D. 商业银行只能被接管而不能破产

16. 下列哪些属于法律禁止的证券交易行为？（　　）

A. 发行人在公司成立之日三年内转让其所持股票

B. 董事、经理、监事在任职期间转让本公司股票

C. 股票发行出具审计报告的专业人员在该股票承销期内买卖该种股票

D. 上市公司出具法律意见书的律师在该文件公开后五日内买卖该公司股票

17. 证券发行中因虚假陈述致使投资者在证券投资中遭受损失的，发行人、承销商应承担赔偿责任。下列哪些人应负连带赔偿责任？（　　）

A. 发行人的董事、监事、经理

B. 承销商的董事、监事、经理

C. 出具证券投资咨询意见的咨询机构

D. 出具法律意见的律师事务所

五、判断题

1. 中国人民银行除履行其自身监管职责外，也可从事商业银行的一般贷款业务。（ ）

2. 我国的基准利率即中国人民银行制定的再贷款率和再贴现率。（ ）

3. 中国银行不能直接干涉政策性银行的业务活动，只能给予必要的监督和指导。（ ）

4. 无论借款人信誉多好，商业银行都不能向其提供无担保贷款。（ ）

5. 票据是无因证券，票据依法作成，票据的权利义务即告成立，并与票据的发行原因、持票人如何取得无关。（ ）

6. 票据的保证人作为第三人，只是见证票据行为的过程，他对持票人不承担连带责任。（ ）

7. 国务院证券监督管理机构可以授权证券交易所依法暂停或者终止股票或公司债券上市。（ ）

8. 某客户委托某证券公司购买证券，可以全权委托，由证券公司决定是否买进证券，选择证券种类、决定买卖数量等。（ ）

9. 为了多招揽客户，增加收入，证券公司可以对客户买卖证券的收益或者赔偿证券买卖的损失作出承诺。（ ）

10. 证券持有人所持有的证券上市交易前，应当全部托管在证券登记结算机构。（ ）

六、简答题

1. 简述中国人民银行的基本职责。

2. 简述我国商业银行贷款业务规则。

3. 简述我国政策性银行的职能。

4. 违反《中国人民银行法》的行为主要有哪些?

5. 什么是票据?现代市场经济条件下，票据具有哪些主要作用?

6. 什么是操纵市场行为?有哪些表现形式?

7. 欺诈客户的法律责任有哪些?

8. 什么是内幕交易?掌握内幕信息的人员为内幕人员，结合实际情况，内幕人员有哪些?

七、案例分析

第1题

（一）目的

通过本案例，使学生辨别和掌握《商业银行法》的合法业务及禁止性规定。

（二）案情

A市复兴银行系股份制全国性商业银行，实有资产20亿人民币。为了开展业务，复兴银行的业务员李小勇将目光投向本市的光明实业总公司。2003年5月20日，李小勇与光明实业总公司总经理王有才取得联系，向其暗示，如果王愿意在复兴银行开户存款，将让王获益匪浅。王有才当即提出想要购买复兴银行的股票。李小勇答应回去与行长商议此事。后经赵与行长商议决定将复兴银行的第二大股东江立宏所持的3亿元股票转让给王有才，王也答应若能如愿，将在复兴银行存款5亿元。2003年9月，双方即如约履诺，A市复兴银行自行说服江立宏将3亿元的股票转让给王有才，王也在复兴银行开立了光明实业公司的账户，存款5亿元。为了报答王有才，复兴银行于2003年10月20日购买了光明实业总公司的上市的股票100万股共500万元，并暗中送给王1万元“辛苦费”。在2003年11月3日，王又在复兴银行开立个人账户一个，存入公司的流动资金50万元。在2004年12月中旬，国务院银监会对A市复兴银行进行检查时，发现其存在许多违法行为。

（三）要求

试问案中复兴银行的做法违反了哪些法律规定？应承担什么责任？

第2题

（一）目的

通过本案，要求同学们对合法有效票据进行正确地识别，从而加深对票据法律特征的认识。

（二）案情

2005年12月11日，电器公司甲与商贸公司乙签订了一份价值25万元微波炉购销合同。由于商贸公司乙一时资金周转困难，为付货款，遂向吴某借款，并从A银行申领到一张以吴某为户名的20万元银行汇票交付给甲公司。甲公司持该汇票到B银行要求兑现，但B银行拒付票款，并出示了乙公司的电报。原来乙公司在销售时发现微波炉质量有问题，还发现吴某所汇款项是挪用公款，遂电告B银行拒付票款，汇票作废，退回A银行。B银行以此为由，拒付款项。甲公司向法院起诉，要求B银行无条件支付票款。

（三）要求

分析本案中B银行拒绝付款是否合法？甲公司是否是合法的持票人？

第3题

（一）目的

通过本案，使同学对票据背书的法律效力问题加深理解，同时增加对票据是流通证券的认识。

（二）案情

2005年3月20日，A市清华沙发厂与B市某家具销售公司签订了一份价款为50万元的沙发购销合同。合同约定以汇票进行结算。3月27日，家具销售公司向清华厂签发了一张金额为50万元、到期日期为9月27日的汇票。沙发厂根据合同约定发送了沙发，接受了汇票。3月29日，清华沙发长将汇票背书转让给某皮革厂，该皮革厂又将汇票于5月20日背书转让给某畜牧场，以抵消所欠货款。畜牧场在到期日，向家具销售公司提示付款，因家具销售公司在开户银行存款不足而遭退票。畜牧场向皮革厂追索票款，未果。畜牧场遂以票据债务人即出票人家具销售公司、背书人清华沙发厂和皮革厂为被告向法院起诉，要求被告承担连带赔偿责任，清偿票款。

（三）要求

分析本案中清华沙发厂、皮革厂背书转让汇票是否合法？畜牧场要求清偿票款是否符合法律规定？

第4题

（一）目的

通过本案使同学们熟悉和掌握证券交易规则，法律对证券交易禁止性规定。

（二）案情

2005年7月，王某在证券公司Z开立股票账户及资金存折，并办理了大户证。王某与证券公司Z订立交易规则：严禁透支，违者需写出保证书限期当日平仓，当日未平仓者，证券机构有权从透支日起，每日按透支额1%直接从客户账户中扣交罚款，直至平仓。6月1日，王某进入证券公司大户室进行交易，当时账户资金21万元。但从6月7日至30日，王某违反交易规则，3次透支报单买入股票，均未当日平仓，从而占用证券公司资金12万元。王某在不平仓的情况下，将其账户内价值20万元的股票在其他证券公司卖出，并将所得款项17万元全部提走，给证券公司Z造成了严重的经济损失。为此，Z公司诉至法院，要求法院判令王某返还不当得利12万元，并赔偿经济损失4万元。

（三）要求

试问，本案中王某恶意透支的行为应承担什么法律后果？证券公司在此行为中是否应承担一定责任？

第5题

（一）目的

通过本案，使同学们辨别证券公司欺诈客户的行为，并对其法律后果和应承担的法律责任加深理解。

（二）案情

某证券公司为了多收佣金，自2005年3月起，多次向股民进行诱导，引诱其进行股票交易。另外，证券公司还擅自在客户账户上翻炒证券。2005年5月，王某发现自己账户上的佣金与他实际买卖状况差距甚大，遂起疑，向证券公司查询未果后，向法院起诉，要求证券公司退还多收取的佣金。

法院经查证情况属实，依法判决证券公司返还向王某多收取的佣金，并对证券公司处以罚款10万元。

（三）要求

分析本案中乙证券公司的行为属于什么性质？王某的诉求是否合理合法？

第八章　会计法律制度

一、名词解释

1. 会计法　　2. 记账本位币　　3. 回避制度　　4. 财务会计报告
5. 原始凭证

二、单项选择题

1. 根据《会计基础工作规范》和《内部会计控制规范（试行）》的规定，各单位的内部会计监督的主体是（　　）。

A. 本单位的会计机构和会计人员
B. 本单位的审计机构和会计人员
C. 本单位的会计机构
D. 本单位的审计机构

2. 中国人民解放军总后勤部可以依照《中华人民共和国会计法》（以下简称《会计法》）和国家统一的会计制度制定军队实施国家统一的会计制度的具体办法，报（　　）备案。

A. 国务院　　B. 中央军委
C. 国务院财政部门　　D. 国家审计部门

3. 使用会计人员可以不实行回避制度的是（　　）。

A. 私营企业　　B. 国有企业
C. 国家机关　　D. 事业单位

4. 会计工作交接完毕后，下列哪类人员可以不用必须在移交清单上签名或盖章（　　）。

A. 会计机构负责人　　B. 监交人

C. 移交人　　D. 接交人

5. 会计档案的保管期限是从（　　）。

A. 会计档案形成时　　B. 会计档案装订时

C. 会计档案经审计后　　D. 会计年度终了后的第一天

6. 根据《会计档案管理办法》的规定，会计档案的保管期限为永久、定期两类。会计档案的定期保管期限最短的为（　　）。

A. 3 年　　B. 2 年

C. 4 年　　D. 5 年

7. 根据《会计法》的规定，主管全国的会计工作的是（　　）。

A. 国务院财政部门　　B. 国务院

C. 审计署　　D. 国家税务总局

8. 根据《会计法》的规定，会计机构、会计人员审核原始凭证的具体程序、要求，应当由国家统一的会计制度规定进行，对不真实、不合法的原始凭证有权不予受理，并向（　　）报告。

A. 会计机构负责人　　B. 总会计师

C. 上级单位负责人　　D. 单位负责人

9. 根据《会计法》的规定，对伪造、变造会计凭证、会计账簿，编制虚假财务会计报告的行为，尚不构成犯罪的，由县级以上人民政府财政部门予以通报，可以对单位并处（　　）的罚款。

A. 2000 元以上 5 万元以下　　B. 5000 元以上 10 万元以下

C. 4000 元以上 10 万元以下　　D. 5000 元以上 8 万元以下

10. 根据《会计档案管理办法》的规定，会计档案的保管期限为永久、定期两类。会计档案的定期保管期限最长的为（　　）。

A. 30 年　　B. 20 年

C. 10 年　　D. 25 年

11. 根据《会计法》的规定，对于隐匿或者故意销毁依法应当保存的会计凭证会计账簿、财务会计报告的行为，尚不构成犯罪的，由县级以上人民政府财政部门予以通报，对其直接负责的主管人员和其他直接责任人员，可以处（　　）的罚款。

A. 1000 元以上 3 万元以下　　B. 2000 元以上 5 万元以下

C. 3000 元以上 5 万元以下　　D. 3000 元以上 6 万元以下

12. 根据《会计档案管理办法》的规定，各级财政部门销毁会计档案时，应由（　　）。

A. 同级审计部门派人监销

B. 档案部门和会计部门共同派人监销

C. 会计部门派人监销

D. 上级审计部门派人监销

13. 会计主管人员的直系亲属不得在本单位会计机构中担任（ ）工作。

A. 稽核　　　　　　　　B. 会计档案管理

C. 会计　　　　　　　　D. 出纳

14. 某公司的会计人员仿造会计账簿，尚不构成犯罪。根据《会计法》的规定，甲的违法行为的法律后果是（ ）。

A. 处以3000元以上5万元以下的罚款，并吊销会计从业资格证书

B. 处以5000元以上10万元以下的罚款，并吊销会计从业资格证书

C. 予以警告，并处以3000元以上5万元以下的罚款

D. 予以警告，并处以2000元以上2万元以下的罚款

15. 在中国境内设立的外商投资企业，会计记录文字应当符合的规定是（ ）。

A. 只能使用外文

B. 只能使用中文

C. 中文和外文任选一种

D. 使用中文也可以同时使用一种外文

16. 我国的会计管理体制是（ ）。

A. 统一领导　　　　　　B. 统一领导，分级管理

C. 分级管理　　　　　　D. 统一领导，集中管理

17. 会计机构、会计人员对违反国家统一的会计制度规定的会计事项（ ）。

A. 无权拒绝办理

B. 应当向单位领导人提出书面意见，请求处理

C. 向主管单位或者财政、审计、税务机关

D. 按照职权予以纠正

18. 根据《会计法》的规定，担任单位会计机构负责人，除取得会计从业资格证书外，还应当具备（ ）。

A. 会计师以上专业技术职务资格并从事会计工作三年以上经历

B. 助理会计师以上专业技术职务资格并从事会计工作三年以上经历

C. 助理会计师以上专业技术职务资格或者从事会计工作三年以上经历

D. 会计师以上专业技术职务资格或者从事会计工作三年以上经历

19. 根据《会计法》的规定，对随意变更会计处理方法的会计人员应处

以（　　）。

A. 3000元以上5万元以下的罚款

B. 2000元以上2万元以下的罚款

C. 3000元以上2万元以下的罚款

D. 2000元以上5万元以下的罚款

20. 根据《会计法》的规定，我国会计年度是以（　　）。

A. 开始生产经营之日起至下一年的此日

B. 每年公历1月1日起至12月31日止

C. 领取营业执照之日起至下一年的此日

D. 申报税务登记之日起至下一年的此日

三、多项选择题

1. 根据《会计档案管理办法》的规定，下列各项中，属于会计档案的有:（　　）。

A. 固定资产卡片　　B. 原始凭证

C. 会计档案移交清册　　D. 信贷计划

2. 根据《会计基础工作规范》的规定，会计工作岗位可以一人一岗、一人多岗或者一岗多人。但出纳人员不可以兼任的工作是（　　）。

A. 稽核

B. 会计档案保管

C. 现金和银行存款日记账的登记

D. 收入、支出、费用、债权债务账目的登记

3. 根据《会计档案管理办法》的规定，会计档案销毁时，监销人员根据不同情况由相应的单位派出。对于一般企业、事业单位和组织，应当由（　　）共同派员监销。

A. 同级审计部门　　B. 单位档案机构

C. 单位会计机构　　D. 同级财政部门

4. 根据《会计档案管理办法》的规定，在对保管期满的会计档案进行整理以备销毁时，（　　）不得销毁。

A. 未结清的债权债务原始凭证

B. 正在建设期间的建设单位会计档案

C. 超过会计档案保管期限但尚未报废的固定资产购买凭证

D. 所有会计报表类档案

5. 根据《会计法》的规定，除财政部门外，依照有关法律、行政法规规定的职责，对有关单位的会计资料实施监督检查的部门有（　　）。

A. 审计部门　　B. 保险监管部门

C. 证券监管部门　　　　　　　　　D. 中国银行

6. 根据《会计工作基础规范》的规定，单位负责人的直系亲属不得担任本单位的（　　）。

A. 会计机构负责人　　　　　　　B. 会计主管人员

C. 会计　　　　　　　　　　　　D. 出纳

7. 根据《会计基础工作规范》的规定，移交人对自己经办且已经移交的（　　）的真实性、完整性承担法律责任。

A. 会计凭证　　　　　　　　　　B. 会计账簿

C. 会计报表　　　　　　　　　　D. 其他会计资料

8. 根据《会计工作基础规范》的规定，会计工作交接完毕后，交接双方和监交人要在移交清册上签名盖章，并在移交清册上注明（　　）等。

A. 单位名称

B. 交接日期

C. 交接双方和监交人的职务、姓名

D. 移交清册页数及需要说明的问题和意见

9. 根据《会计法》的规定，下列关于单位内部会计监督的说法，正确的是（　　）。

A. 单位负责人负责单位内部会计监督制度的组织实施对本单位内部会计监督制度的建立及有效实施承担最终责任

B. 会计机构和会计人员发现会计账簿记录与实物、款项及有关资料不相符的，按照国家统一的会计制度的规定有权自行处理的，应当及时处理；无权处理的，应当立即向单位负责人报告，请求查明原因，作出处理

C. 内部会计监督的主体是各单位的会计机构、会计人员；内部会计监督的对象是本单位的会计行为

D. 记账人员与经济业务事项和会计事项的审批人员、经办人员、财物保管人员的职责权限应当明确，并相互分离、相互制约，这是机构控制和职务控制的基本要求

10. 一个单位是否单独设置会计机构，其决定的因素包括（　　）。

A. 单位规模的大小　　　　　　　B. 经济业务和财务收支的繁简

C. 经营管理的要求　　　　　　　D. 上级主管部门的要求

11. 根据《会计法》的规定，财政部门可以依法对各单位实施监督的情况包括（　　）。

A. 监督各单位是否依法设置会计账簿

B. 监督各单位的会计凭证、会计账簿、财务会计报告和其他会计资料是否真实、完整

C. 监督各单位的会计核算是否符合《会计法》和国家统一的会计制度的规定

D. 监督各单位从事会计工作的人员是否具备会计从业资格

12. 违反《会计法》关于会计核算、会计监督、会计机构、会计人员的有关规定，应当承担法律责任。法律责任的种类包括（　　）和追究刑事责任。

A. 责令限期改正　　B. 行政处分

C. 罚款　　D. 吊销会计从业资格证书

13. 根据《会计法》的规定，应承担法律责任的违法行为包括（　　）等。

A. 不依法设置会计账簿的行为

B. 私立会计账簿的行为

C. 未按照规定填制、取得原始凭证或者填制、取得的原始凭证不符合规定的行为

D. 未按照规定建立并实施单位内部会计监督制度，或者拒绝依法实施的监督，或者不如实提供有关会计资料及有关情况的行为

14. 根据《会计法》的规定，下列各项中，属于会计人员监督职权的有：（　　）。

A. 对违反《会计法》和国家统一的会计制度规定的会计事项，有权拒绝办理或者按照职权予以纠正

B. 发现会计账簿记录与实物、款项及有关资料不相符的，按照国家统一的会计制度的规定有权自行处理的，应当及时处理；无权处理的，应当立即向单位负责人报告，请求查明原因，作出处理

C. 办理企业合并、分立、清算事宜的审计业务，出具有关报告

D. 监督单位从事会计工作的人员是否具备会计从业资格

15. 国家统一的会计制度，是指国务院财政部门根据《会计法》制定的关于（　　）以及会计工作管理的制度，包括制度、准则、办法等。

A. 会计核算　　B. 会计监督

C. 会计机构　　D. 会计人员

16. 单位负责人不得指使会计机构、会计人员（　　）。

A. 伪造会计凭证　　B. 变造会计凭证

C. 伪造、变造会计账簿　　D. 提供虚假财务会计报告

17. 各级主管部门销毁会计档案时，还应有（　　）派员参加监销。

A. 上级财政部门　　B. 同级财政部门

C. 同级审计部门　　D. 同级税务部门

18. 根据《会计法》和有关法规的规定，我国的会计工作管理体制的内

容包括（　　）。

A. 明确会计工作的主管部门　　B. 明确会计制度的制定权限

C. 明确会计人员的管理　　D. 明确单位内部的会计工作管理

四、判断题

1. 会计法律制度，是调整经济生活中某些方面会计关系的法律规范。（　　）

2. 根据《会计法》规定，财政部门管理会计工作，包括对会计人员进行管理。

3. 会计核算必须以实际发生的经济业务事项为依据。（　　）

4. 会计资料的真实性和完整性，是会计资料最基本的质量要求，是会计工作的生命。（　　）

5. 每一个会计年度可以具体划分为半年度、季度、月度。（　　）

6. 会计机构、会计人员对违反《会计法》和国家统一的会计制度的会计事项，有权拒绝办理或按职权予以纠正。（　　）

7. 会计工作的政府监督，主要是指财政部门代表国家对各单位相关人员的会计行为实施的监督检查。（　　）

8. 担任单位会计机构负责人的，除取得会计从业资格外，还应具备会计师以上专业技术职务资格或从事会计工作两年以上经历。（　　）

9. 只有取得会计从业资格证书的人员，才能从事会计工作；未取得会计从业资格证书的人员，不得从事会计工作。（　　）

10. 通过会计专业技术资格考试合格者，由省级人事部门印制、颁发会计专业技术资格证书。（　　）

11. 会计人员的工作岗位有计划地进行轮岗，以促进会计人员全面熟悉业务和不断提高业务素质。（　　）

12. 会计人员工作交接后，如事后发现问题，仍应由原移交人员负责，原移交人员不应以会计资料已经移交来推卸对材料的真实性、完整性负法律上的责任。（　　）

13. 根据规定，会计工作岗位可以一人一岗、一岗多人，但不得一人多岗。（　　）

14. 《会计法》法律责任主要规定了两种责任形式：一是行政责任；二是刑事责任。（　　）

15. 私设会计账簿，构成犯罪的依法追究刑事责任。（　　）

五、简答题

1. 依法建账的要求是什么？

2. 如何理解“单位负责人对本单位的会计工作和会计资料的真实性、完整性负责”？

3. 违反会计制度规定应当承担法律责任的行为有哪些？

4. 单位负责人对会计人员进行打击报复应当承担什么样的法律责任？

六、案例分析

第 1 题

（一）目的

通过本案例，让学生掌握会计档案的保管期限和销毁的具体要求。

（二）案情

2004 年 10 月 10 日，甲公司收到一张应由甲公司与乙公司共同负担费用支出的原始凭证，甲公司会计人员张某以该原始凭证及应承担的费用进行账务处理，并保存该原始凭证；同时应乙公司要求将该原始凭证复制件提供给乙公司用于账务处理。年终，甲公司拟销毁一批保管期满的会计档案，其中有一张未结清债权债务的原始凭证，会计人员李某认为只要保管期满的会计档案就可以销毁。

（三）要求

根据我国《会计法》的规定，请回答下列问题：

1. 会计人员张某将原始凭证复制件提供给乙公司用于账务处理的做法是否正确？简要说明理由。

2. 会计人员李某的观点是否正确？简要说明理由。

第 2 题

（一）目的

要求学生综合掌握有关会计从业人员资格、会计人员交接、会计档案管理等知识。

（二）案情

某有限责任公司是一家中外合资经营企业。该公司 2003 年度发生了以下事项：

1. 1 月 21 日，公司接到市财政局通知，市财政局要来公司检查会计工作情况。公司董事长兼总经理胡某认为，公司作为中外合资经营企业，不应受《会计法》的约束，财政部门无权来检查。

2. 3 月 5 日，公司会计科一名档案管理人员因生病临时交接工作，胡某委托单位出纳员李某临时保管会计档案。

3. 4 月 15 日，公司从外地购买一批原材料，收到发票后，与实际支付事项进行核对时发现发票金额错误，经办人员在原始凭证上进行更改，并加盖了自己的印章，作为报销凭证。

4. 5月2日，公司会计科科长退休。公司决定任命自参加工作以来一直从事文秘工作的办公室副主任王某为会计科科长。

5. 6月30日，公司有一批保管期满的会计档案，按规定需要进行销毁。公司档案管理部门编制了会计档案销毁清册，档案管理部门的负责人在会计档案销毁清册上签了字，并于当天销毁。

6. 9月9日，公司人事部门从外省招聘了一名具有高级会计师资格的会计人员。该高级会计师持有外省的会计从业资格证书，其相关的会计从业资格业务档案资料仍保存在外省的原单位所在地财政部门。

7. 12月1日，公司董事会研究决定，公司以后对外报送的财务会计报告由王科长签字，盖章后报出。

（三）要求

请分析：

1. 公司董事长兼总经理胡某认为合资经营企业不受《会计法》约束的观点是否正确，为什么？

2. 该公司由出纳员临时保管会计档案的做法是否符合法律规定？为什么？

3. 该公司经办人员更改原始凭证金额的做法是否符合法律规定？为什么？

4. 该公司王某担任会计科科长是否符合法律规定？为什么？

5. 该公司销毁会计档案的做法是否符合法律规定？为什么？

6. 该公司招聘的高级会计师是否需要办理会计从业资格调转手续？如需办理？应怎样处理？

7. 该公司董事会作出的关于对外报送财务会计报告的决定是否符合法律规定？为什么？

第九章　劳动法律制度

一、名词解释

1. 劳动者　2. 用人单位　3. 劳动合同　4. 集体合同

5. 禁止同业竞争条款

二、填空题

1. 劳动者劳动权利能力和劳动行为能力的产生要求公民满________周岁。

2. 劳动者在同一用人单位上连续工作满________年以上，当事人双方同意续延劳动合同，如果劳动者提出订立无固定期限的劳动合同，用人单位应当与其订立无固定期限的劳动合同。

3. 劳动合同约定的试用期最长不超过__________个月。

4. 张三与佳美公司订立了1年期的劳动合同，在工作过程中张三无法胜任公司所安排的工作，经公司多次为其调整岗位，仍不能胜任。佳美公司决定解除劳动合同。根据《中华人民共和国劳动法》（以下简称《劳动法》）的规定，该公司须提前__________天以书面形式通知张三。

5. 经劳动合同当事人协商一致，由用人单位解除劳动合同的，用人单位应发给劳动者一次性的经济补偿金。根据劳动者在本单位工作年限，每满1年，发给的经济补偿金相当于__________个月的工资。

6. 依据《劳动法》的规定，用人单位经济性裁员后，在__________时间内录用人员的，应当优先录用被裁减的人员。

7. 《劳动法》规定，因特殊原因需要延长工作时间的，在保障劳动者身体健康的条件下，延长工作时间每日不得超过__________小时。

8. 我国《劳动法》规定，法定休假日安排劳动者工作的，支付的报酬应不低于工资的__________。

9. 劳动争议当事人对仲裁裁决不服的，可自收到仲裁裁决之日起__________日内向人民法院起诉。

三、单项选择题

1. 在甲与圣达公司签订的劳动合同有效期内，新城公司许诺给出更高的报酬，与甲签订了劳动合同，这样给圣达公司造成了经济损失，新城公司对此应承担的责任是：（　　）。

A. 行政责任　　B. 说服甲回圣达公司工作的责任

C. 解除与甲签订的合同的责任　　D. 连带赔偿责任

2. 经劳动合同双方当事人协商一致，由用人单位解除劳动合同的，用人单位应依法给予劳动者（　　）。

A. 失业补助费　　B. 困难补助费

C. 经济补偿金　　D. 经济赔偿金

3. 下列哪种情况下用人单位可以招用未满16周岁的未成年人，并须报县级以上的劳动行政部门批准？（　　）

A. 某私人餐馆招用勤杂工　　B. 某国有企业招用电工

C. 某职介所招用职员　　D. 某俱乐部招用体操运动员

4. 根据《劳动法》的规定，用人单位在以下哪种情形下不得解除合同？（　　）

A. 劳动者患病或者负伤，在规定的医疗期内

B. 劳动者患病或者负伤，医疗期已满

C. 劳动者在试用期内的

D. 用人单位濒临破产进行法定整顿期间

5. 从事矿山井下以及其他有害身体健康的工种、岗位工作的农民工，实行定期轮换制度，合同期限最长不得超过多少年？(　　)

A. 3 年　　B. 5 年

C. 7 年　　D. 8 年

四、多项选择题

1. 下列劳动合同或者劳务合同，那些属于《劳动法》的调整范围？(　　)

A. 某私营企业与职工之间的劳动合同

B. 某国家机关与工勤人员之间的劳动合同

C. 某公司董事长与公司之间的聘用合同

D. 甲公司与乙公司之间的劳务合同

2. 振兴公司注册登记成立后，经有关部门批准，向社会公开招聘人员。在振兴公司与被录用人员黄某订立的劳动合同中，哪些情形不符合《劳动法》的规定？(　　)

A. 劳动合同约定试用期为 1 年

B. 在试用期内，黄某不得通知振兴公司解除劳动合同

C. 在试用期间，黄某被证明不符合录用条件，振兴公司可解除劳动合同

D. 黄某如被依法追究刑事责任，振兴公司可以解除劳动合同。

3. 甲是某饭店招用的服务员，现年 17 岁，双方订立了书面劳动合同。在试用期内，甲为发泄对饭店的不满，在饭菜中放入污物。请判断下列哪些表述是不正确的？(　　)

A. 甲与饭店之间成立的劳动合同无效

B. 饭店可以解除与甲的劳动合同

C. 甲与饭店之间成立的合同是可撤销的合同

D. 在试用期内，饭店不能解除与甲的劳动合同

4. 某私营企业从社会招收 10 名工人，同时招收了 3 名 15 岁的工人，4 名妇女因性别差异原因而未被招用，另有一名正在休产假的妇女也被辞退。新招收的工人要求组织工会，经理以私营企业不应有工会为由不允许。根据我国的相关法律，上述做法哪些是错误的？(　　)

A. 该企业招收了 3 名 15 岁的工人

B. 该企业因性别原因而未招用 4 名妇女

C. 该企业辞退正在休产假的妇女

D. 该企业以私营企业为由，不同意组建工会

5. 劳动争议调解委员会应由下列哪些代表组成？(　　)

A. 职工代表　　　　　　　　B. 企业代表

C. 企业工会代表　　　　　　D. 上级工会代表

五、判断题

1. 保姆和其所属家政公司之间是劳动关系。（ ）

2. 在我国，劳动合同是劳动关系的唯一表现形式。（ ）

3. 用人单位在制定、修改或者决定有关劳动报酬等直接涉及劳动者切身利益的规章制度或者重大事项时，应当经职工代表大会或者全体职工讨论通过。（ ）

4. 用人单位在试用期解除劳动合同的，可以随时解除，无需向劳动者说明理由。（ ）

5. 未依法为劳动者缴纳社会保险费的，劳动者可以解除劳动合同。（ ）

6. 经济补偿按劳动者在本单位工作的年限，每满一年支付一个月工资，最长不超过 12 个月。（ ）

7. 用人单位应当在解除或者终止劳动合同时出具解除或者终止劳动合同的证明，并在 15 日内为劳动者办理档案和社会保险关系转移手续。（ ）

8. 集体合同的效力低于劳动合同。（ ）

9. 调解是劳动争议解决的必经程序。（ ）

10. 劳动仲裁申请应当在争议发生之日起的 1 个月的时效内提出。（ ）

六、简答题

1. 《劳动法》调整的劳动关系有什么特征？

2. 劳动合同与劳务合同有什么区别？

3. 劳动合同的必备条款有哪些？可备条款有哪些？

4. 简述用人单位对劳动合同的单方解除。

5. 简述劳动者对劳动合同的单方解除。

七、案例分析

第 1 题

（一）目的

通过此案了解一个问题，即家政服务雇佣关系是否属于《劳动法》调整的劳动关系。

（二）案情

2002 年 6 月，安徽保姆周贷兰通过普陀区保姆中介所介绍，为上海市普陀区一户人家提供家政服务。2003 年 12 月 24 日，周贷兰在雇主家擦玻璃时，不慎失足从 4 楼摔了下去，医院诊断为：脾脏破裂，腰椎粉碎性骨折。医院立即实施手术，周贷兰的脾脏被切除，雇主为此支付了 2 万多元的医药费，但需再做手术支付 4 万多元的费用方可摆脱终生瘫痪的危险。周本人无力支付，已经为其支付 2 万元医药费的雇主也表示难以为继。周贷兰通过法律援助向劳动争议仲裁委员会申请仲裁，要求普陀区保姆中介所承担赔偿责任。

（三）要求

请问劳动争议仲裁委员会会受理此案吗？

第 2 题

（一）目的

通过此案，使学生掌握劳动合同的有关规定，如试用期、劳动合同的解除等。

（二）案情

2003 年 6 月，某职业技术学院旅游专业毕业生王某（女，22 岁）与一家宾馆签订了为期 3 年的劳动合同。合同中规定：试用期为 1 年；在试用期内王某不得单方面提出解除劳动合同；试用期满后，王某要求解除劳动合同时，需要提前 60 天通知宾馆；如果宾馆效益不好，宾馆有权与王某解除劳动合同；王某在宾馆工作期间不得结婚生育，否则宾馆有权辞退王某；王某向宾馆缴纳 1000 元保证金，如果王某违反合同规定，由宾馆没收保证金。

（三）要求

请回答，这份劳动合同的内容是否符合《劳动法》的规定？为什么？

第 3 题

（一）目的

通过此案，使学生了解劳动合同的保密条款和禁止同业竞争条款。

（二）案情

2000 年 6 月 7 日，李某与佩里（上海）咨询有限公司签订了一年的劳动合同。合同中特别约定，李某必须保守佩里公司的商业秘密，否则承担违约损害赔偿责任。李某也书面承诺：在其受雇佣期间得到的相关情报，诸如顾客资料、支付体系、合约事项等，全部作为保密事项以及专用情况来保存。如有故意或在未得到许可而给第三者看到的情况，李某将受到撤职处分，同时赔偿公司的经济损失。

但是，佩里公司怎么也不会想到，此前李某已经同瀚泰企业咨询（上海）有限公司签订了一份兼职协议书。巧合的是，合同也是从 2000 年 6 月 7 日开始生效的，有效期也是一年。合同中明确约定，李某是瀚泰公司的“兼职业务员”，李某为瀚泰公司联系所签的咨询合约按咨询费的 20% 提成。李某没有向佩里公司提起这件事。

2000 年 7 月 ~8 月间，李某负责为佩里公司联系两家客户的咨询业务，却擅自将信息披露给佩里公司的竞争对手瀚泰公司，导致这两家客户最终与瀚泰公司签订了合同书。佩里公司因此造成损失。当年 9 月 15 日，佩里公司得知内情。同一天，佩里公司书面通知李某，解除双方的劳动合同。

此后双方为赔偿事宜发生纠纷，分别向上海市浦东新区劳动人事争议仲裁委员会提起劳动争议仲裁。

（三）要求

请问，该仲裁委员会做出怎样的裁决呢？

第 4 题

（一）目的

通过此案例，使学生掌握加班工资的计算。

（二）案情

某工厂工人李某平时日工资是 120 元，日工作时间是 8 小时。他在 2002 年 5 月 1 日（法定休假日）加班 1 天，5 月 16 日（工作日）延长工作时间 1 小时，5 月 25 日（周六休息日）加班 1 天没有安排补休。

（三）要求

试计算，5 月李某应至少获得加班费多少元？

第十章　仲裁与诉讼

一、名词解释

1. 仲裁　2. 仲裁协议　3. 地域管辖　4. 专属管辖　5. 第三人

二、填空题

1. 根据《中华人民共和国仲裁法》（以下简称《仲裁法》）的规定，婚姻、收养、__________、抚养、__________纠纷，不能仲裁。

2. 当事人采用仲裁方式解决纠纷，应当双方自愿，达成__________。否则，一方申请仲裁的，仲裁委员会__________。

3. 仲裁委员会可以在直辖市和省、自治区人民政府所在地的__________设立，也可以根据需要在其他设区的市设立，不按__________层层设立。

4. 仲裁协议独立存在，合同的变更、解除、终止或者__________，不影响仲裁协议的效力，__________有权确认合同的效力。

5. 人民法院裁定不予执行仲裁裁决后，当事人可以向人民法院__________，也可以重新达成________后申请仲裁。

6. 共同诉讼分为________和普通共同诉讼。

7. 当事人不服一审判决、________的，有权向上一级人民法院提起________。

8. 人民检察院对已经生效的判决、________，认为确有错误的，应当按照审判监督程序提出________。

9. 当事人包括：原告、被告、第三人、共同诉讼人和________人。

10. 诉讼代理人可分为________人和________人。

三、单项选择题

1. 根据《仲裁法》，申请仲裁（　　）。

A. 可由一方单独申请

B. 必须在法定地域的仲裁机构申请

C. 必须依据仲裁请求选定相应级别的仲裁机构

D. 应经双方协议，同意仲裁

2. 仲裁委员会自收到仲裁申请书之日起（　　）日内决定受理或不受理，并通知当事人。

A. 3　　B. 5

C. 7　　D. 10

3. 申请人经过书面通知，无正当理由不到庭或者未经仲裁庭许可中途退庭的，可以（　　）。

A. 视为双方已经和解　　B. 视为要求延期开庭

C. 视为撤回申请　　D. 缺席裁决

4. 根据《仲裁法》，仲裁实行（　　）。

A. 一裁终局制　　B. 两裁终局制

C. 三裁终局制　　D. 四裁终局制

5. "重大的涉外案件"应当由（　　）。

A. 基层人民法院管辖　　B. 中级人民法院管辖

C. 高级人民法院管辖　　D. 最高人民法院管辖

6. 被告应在收到起诉状副本后（　　）日内提出答辩状。

A. 3　　B. 5

C. 7　　D. 15

7. 审判长宣布开庭，应先告知（　　）。

A. 当事人诉讼权利和义务　　B. 当事人的诉讼请求

C. 当事人应遵守的法庭纪律　　D. 当事人应当先和解

8. 我国的审判制度实行（　　）。

A. 一裁一审制　　B. 一裁二审制

C. 二审终审制　　D. 三审终审制

9. 二审判决后，如果人民法院发现判决确有错误，可以进行（ ）。

A. 第三审程序　　B. 改审程序

C. 审判监督程序　　D. 调解程序

10. 当事人不服一审判决的，可以在（ ）向上一级人民法院提起上诉。

A. 10 日内　　B. 15 日内

C. 20 日内　　D. 30 日内

11. 申请执行的期限，双方当事人是法人或其他组织的为（ ）。

A. 3 个月　　B. 6 个月

C. 1 年　　D. 2 年

12. 基于当事人授权而享有诉讼代理权的人是（ ）。

A. 委托代理人　　B. 法定代表人

C. 指定代理人　　D. 法定代理人

13. 下列案件中，属于专属管辖的案件是（ ）。

A. 因不动产提起的诉讼

B. 因船舶相撞请求损害赔偿的案件

C. 因合同纠纷提起的诉讼

D. 因侵权纠纷提起的诉讼

14. 下列关于当事人提起上诉的说法，正确的是（ ）。

A. 当事人必须通过二审法院提交上诉状

B. 当事人必须通过原审法院提交上诉状

C. 当事人反悔调解协议的，可以提起上诉

D. 当事人必须以书面形式提起上诉

15. 因继承遗产纠纷提起的诉讼，由（ ）人民法院管辖。

A. 继承人住所地

B. 原告住所地

C. 被继承人死亡时住所地或者主要遗产所在地

D. 被告住所地

16. 审判监督程序是（ ）。

A. 通常的诉讼程序　　B. 进行诉讼的必经程序

C. 特殊案件的诉讼程序　　D. 纠正裁判失误的程序

17. 在执行仲裁裁决的过程中，被申请执行人提出证据证明裁决的事项不在仲裁协议范围之内或仲裁机构无权仲裁的，法院（ ）。

A. 应当退回仲裁机构　　B. 可以裁定不予执行

C. 可以依法改判　　D. 可以发回重审

18. 如果生效法律文书由二审法院作出，按审判监督程序再审时，应由

(　　)。

A. 原一审法院再审　　B. 原二审法院再审

C. 上级法院再审　　D. 最高人民法院再审

19. 下列人员中不属于回避人员的是(　　)。

A. 审判员　　B. 证人

C. 鉴定人　　D. 勘验人

20. 根据我国《民事诉讼法》规定，合议庭的人数(　　)。

A. 必须是单数　　B. 可以是双数

C. 视情况而定　　D. 既可以是单数，也可以是双数

四、多项选择题

1. 解决经济纠纷的方式有(　　)。

A. 协商　　B. 调解

C. 仲裁　　D. 诉讼

2. 仲裁委员会的设立，应当具备下列条件(　　)。

A. 有自己的名称、住所和章程　　B. 有必要的财产

C. 有该委员会的组成人员　　D. 有聘任的仲裁员

3. 我国《仲裁法》规定，当事人申请仲裁的条件是(　　)。

A. 有仲裁协议

B. 有具体的仲裁请求、事实和理由

C. 属于仲裁委员会的受理范围

D. 有法定代理人

4. 下列哪些情形当事人有权提出回避申请？(　　)

A. 仲裁员与本案当事人或其代理人有近亲关系

B. 仲裁员与本案当事人或其代理人有利害关系

C. 仲裁员私自会见当事人、代理人

D. 仲裁员接受当事人请客送礼

5. 当事人向人民法院申请撤销裁决，应具有以下证据(　　)。

A. 没有仲裁协议的

B. 仲裁委员会无权仲裁的

C. 仲裁违反法定程序的

D. 仲裁员有受贿索贿、徇私舞弊、枉法裁决行为

6. 起诉应当符合下列条件(　　)。

A. 原告是与本案有直接利害关系的公民、法人或其他经济组织

B. 有明确被告、具体的诉讼请求、事实和理由

C. 属于人民法院主管

D. 属于受诉人民法院管辖

7. 合同双方当事人可以在书面合同中协议选择（　　）人民法院管辖。

A. 被告住所地　　B. 合同签订地

C. 合同洽谈地　　D. 原告住所地

8. 甲区法院的陈法官经小学同学李立介绍，将父母遗留的一架名贵钢琴卖给孙红的同事陈强。后来，陈强因出国定居，便将该钢琴卖给音乐教师赵爽。赵爽买到钢琴后，发现该架钢琴存在质量问题，于是以陈强未讲明这一情况为由，向甲区法院起诉，要求法院解除该钢琴买卖合同，并应将购买钢琴的 1 万元钱归还。甲区法院确定由陈法官独任审理此案。就本案所涉及的回避问题，下列哪些说法是不正确的（　　）。

A. 陈法官应当回避，因为案件涉及他的利害关系

B. 陈法官不应当回避，因为他已经将钢琴卖给陈强

C. 陈法官应当回避，因为他与陈强的代理人已经是 6 年的邻居，可能影响案件的公正审理

D. 证人吴天应当回避，因为他是本案被告陈强的表哥

9. 下列诉讼中，属于必要共同诉讼的是（　　）。

A. 同一交通事故赔偿案中，三个受害人作为共同原告的诉讼

B. 因共有财产遭受他人侵害，全体共同财产人作为共同原告状告同一侵害人的诉讼

C. 因作为债务人的企业法人分立，某一债权人以分立后的企业作为共同被告提起的诉讼

D. 在一假种子坑农案件中，五户受害农户作为共同原告状告某一种子公司的诉讼

10. 根据《民事诉讼法》规定，人民法院审理民事案件的审判组织形式有（　　）。

A. 审判委员会　　B. 独任制

C. 陪审制　　D. 合议制

五、判断题

1. 曾担任审判工作满 7 年的可以担任仲裁员。（　　）

2. 仲裁庭的组成由仲裁委员会决定由三名仲裁员或由一名仲裁员组成。（　　）

3. 甲、乙双方因财产权益纠纷在某市仲裁委员会进行仲裁。根据双方的意愿，仲裁庭进行了调解并达成了协议，但当仲裁庭将调解书送达双方当事人签收时，甲方反悔。此时仲裁庭应重新进行调解。（　　）

4. 仲裁必须开庭进行，但一般不公开进行。（　）

5. 仲裁庭在作出裁决前，可以先行调解。调解书与裁决书具有同等法律效力。（　）

6. 开庭审理民事案件，一律不公开进行。但当事人申请公开审理的，可以公开审理。（　）

7. 申请仲裁的当事人在签订仲裁协议后，仍可以到人民法院起诉。（　）

8. 民事诉讼一般地域管辖的一般原则是原告就被告，即民事案件应由被告住所地人民法院受理。（　）

9. 全国有重大影响的第一审民事、经济纠纷案件，由高级人民法院管辖。（　）

10. 当事人一方人数众多的共同诉讼，可以由当事人推选代表人进行诉讼。代表人所从事的所有诉讼行为对其所代表的当事人发生效力。（　）

六、简答题

1. 仲裁有哪些特征？
2. 仲裁的基本制度有哪些？
3. 如何组成仲裁庭？
4. 简述仲裁员的资格。
5. 审判监督程序与二审程序有何区别？

七、案例分析

第1题

（一）目的

使学生了解和掌握仲裁程序。

（二）案情

河南省华夏电器公司与北京某灯具商场签订了购销节能器材的合同，合同约定由灯具商场到华夏电器公司提货，但提货前应当预付货款。双方同时约定：如果发生纠纷，应当提交某市仲裁委员会仲裁。灯具商场在提货时发现全部节能器材均有严重的质量问题，提出赔偿损失的要求，双方协商未果。灯具商场向仲裁委员会申请仲裁，灯具商场提出申请的时间是8月18日，仲裁委员会于8月28日受理此案，并决定由三名仲裁员组成合议庭。灯具商场作为申请方选定了一名仲裁员，并委托仲裁委员会主任指定了首席仲裁员，华夏电器公司选定了一名仲裁员。灯具商场的上级公司也在某市，其所选任的仲裁员与公司签订有常年法律顾问合同。此三名仲裁员公开对此案进行了开庭仲裁。

（三）要求

请问仲裁委员会在程序上有无不当之处，请指出并说明理由。

第 2 题

（一）目的

使学生了解和掌握仲裁协议的效力。

（二）案情

甲工厂与乙公司签订了一份加工承揽合同，合同约定 6 个月后，甲工厂将成品交给乙公司，乙公司收货后 1 个月内付清款项。6 个月后，甲工厂按期将成品交付乙公司，但乙公司迟迟不付货款，拖欠近 4 个月。甲工厂多次找乙公司请求其支付货款，并赔偿损失。乙公司认为甲工厂加工的成品质量不合格，坚决不予支付货款。后双方经协商达成书面仲裁协议。一周后，甲工厂向协议书约定的仲裁委员会申请仲裁，乙公司却向合同履行地人民法院提起诉讼，人民法院未予受理。

（三）要求

1. 请问本案中谁应受理此案？
2. 双方在纠纷发生后达成的书面仲裁协议是否成立？为什么？
3. 如果乙公司提出仲裁协议无效，应由谁来裁（决）定？

第 3 题

（一）目的

使学生了解和掌握民事诉讼的协议管辖和仲裁协议。

（二）案情

某省甲县与乙、丙、丁、戊四县相邻。2003 年 5 月 3 日，甲县纸品加工厂与乙县饮料厂在乙县签订一饮料软包装的加工承揽合同。合同中约定："运输方式采用纸品加工厂代办托运；履行地点为纸品加工厂在丙县的仓库。""发生纠纷的解决方式为：双方可以申请在丁县的仲裁委员会仲裁，也可以向乙县或丁县的人民法院起诉。"合同签订后，纸品加工厂即在其设于戊县的分厂进行加工，并且在戊县车站就近发货。饮料厂收到货物后立即投入使用。但因饮料软包装的质量不合格，造成饮料厂的饮料变酸甚至有些发臭，损失近 10 万元。纸品加工厂虽与饮料厂几经协商，但未能达成协议。饮料厂法定代表人朱厂长找到某律师事务所咨询，并且提出必须在乙县法院打官司。

（三）要求

分析本案中：

1. 甲县法院是否有管辖权？为什么？
2. 乙县法院是否有管辖权？为什么？
3. 丙县法院是否有管辖权？为什么？
4. 丁县法院是否有管辖权？为什么？

5. 根据我国法律规定，此案应通过仲裁解决还是诉讼解决？为什么？

第 4 题

（一）目的

使学生了解和掌握民事诉讼的第三人。

（二）案情

王甲将房屋四间卖给刘某，但刘某迟迟不付款。为此，王甲诉至法院要求刘某付款并付违约金。在诉讼中，王甲之弟王乙得知，向法院说明这四间房屋中有两间是他的，要求确认并请求返还房屋。

（三）要求

分析本案中，如何确定本案诉讼参与人的地位？

第 5 题

（一）目的

使学生了解和掌握民事诉讼的上诉。

（二）案情

周甲之父周乙死后，留有遗产房屋三间。周甲准备将父亲遗留房屋卖掉时，其堂弟周丙不同意，认为周甲不能以个人名义处理此项遗产，理由是周甲在外地工作时，自己曾对伯父尽过赡养义务，也应享有此房的继承权。周甲不予理睬，周丙只好向法院起诉。一审法院经过审理认为：周丙确实对死者周乙尽过赡养义务，但周甲是周乙儿子，是法定继承人，所以房产归周甲所有。周丙不服一审判决提出上诉。二审法院认为：一审法院在认定案件的事实方面是清楚的，但对周丙是否享有继承权在适用法律上是错误的。于是裁定撤销原判决，发回原审人民法院重审。

（三）要求

分析本案中，二审法院的做法是否符合法律规定？

第二部分 参考答案

第一章参考答案

一、名词解释

1. 法的概念：法是体现人们意志，是国家和社会认同的调节人的行为规范的总和。它通过确定人们的权利和义务来确定人的行为准则，并通过国家强制力来保证执行。

2. 法律关系：法律关系是法律在调整人的行为的过程中形成的一种特殊社会关系，即人们的权利和义务关系。

3. 法律责任：法律责任指行为人违反法律规定，因损害法律上保护的权利义务关系而导致相关主体受侵害所应承担的不利的法律后果。

4. 宪法：宪法是我国的根本大法，在我国法律渊源中处于最高的法律地位，是其他一切法律法规的立法依据，具有最高的法律效力。

5. 代理：代理是指代理人在代理权限内，以被代理人的名义实施的民事法律行为。其产生的法律后果直接由被代理人承担的民事法律行为。

6. 诉讼时效：诉讼时效是指权利人在法定期限内不行使权利即丧失请求人民法院予以保护其民事权利的法律制度。

7. 经济法：经济法是指国家为了保证经济协调发展而制定的有关干预和调整国民经济管理关系和市场运行关系的法律规范的总称。

8. 法律责任：法律责任是指行为人违反法律规定，因损害法律上保护的权利义务关系而导致相关主体所应承担不利的法律后果。

9. 经济法律关系：经济法律关系是指在国家干预社会经济活动过程中产生的社会经济关系，通过经济法的调整而发生的权利和义务关系。

10. 法律行为：法律行为是指根据当事人的意志而作出的能够引起法律关系产生、变更和消灭的人们的行为。

二、填空题

1. 国家　社会　权利　义务

2. 统治阶级专政　统治的工具　法的社会性职能

3. 指引　评价　教育　预测　强制

4. 自然人　法人　国家

5. 物　行为　智力成果　人身利益

6. 违法行为　违约行为　法律规定

7. 委托代理　指定代理

8. 一定历史阶段

9. 法定期限内　民事权利

10. 国民经济管理关系　市场运行关系

11. 经济学字典

12. 主体　客体　内容

13. 经济活动

14. 智力劳动

15. 法律行为　法律事件

三、单项选择题

1. C　2. C　3. C　4. A　5. D　6. D　7. A　8. D

四、多项选择题

1. A B C D E　2. A C E　3. B D E　4. A C D E

5. B C E　6. A B C D E　7. A C D　8. A B C D E

五、判断题

1. ×　2. ×　3. √　4. ×　5. ×　6. √　7. √　8. ×　9. ×　10. √

11. ×　12. ×　13. √　14. ×

六、简答题

1. 答：法律的特点是：（1）法是国家和社会认同的行为规范体系；（2）法是以权利和义务为内容的规范体系；（3）法是国家强制力保证实施的行为规范体系。

2. 答：法律的作用在于：（1）指引作用。它通过对人们的行为提供一种既定的模式，引导人们在行为时在法律所许可的范围内从事社会活动。（2）评价作用。法律具有判断、衡量他人行为是否合法或有效的作用。

(3) 教育作用。通过法律的规定和实施，对人们今后行为所发生的积极影响，引导人们积极依法行为。这种教育作用主要通过影响人们的思想得以实现。(4) 预测作用。根据法律的规定，人们可以预先估计到自己行为的结果或他人将如何安排自己的行为，从而决定自己的行为。(5) 强制作用。法律具有对违法犯罪的行为实施制裁和惩罚的功能，其作用对象是违法者的行为，实施主体是国家。

3. 答：诉讼时效中止是在诉讼时效期间的最后6个月内，因不可抗力或其他障碍不能行使请求权的，诉讼时效中止。从中止时效的原因消除之日起，诉讼时效期间继续计算。

4. 答：经济法的特征是：(1) 国家干预性；(2) 经济性和社会性；(3) 多样性；(4) 变动性。

5. 答：经济法律关系客体有以下三类：(1) 物。物是指可以为人控制和支配、具有价值和使用价值的物质。物包括自然存在物和人类劳动生产的产品，以及货币和有价证券等。(2) 经济行为。主要包括：经济管理行为和提供劳务行为和完成工作行为等。作为经济法律关系的经济行为仅指为实现权利和义务而实行的行为。(3) 智力成果。它是文学艺术和科学作品、发明、实用新型、外观设计、商标以及创造性劳动成果的统称。

6. 答：代理的种类有：(1) 委托代理。委托代理指根据被代理人的委托授权而产生的代理。委托代理以委托合同和委托授权为基础。(2) 法定代理。法定代理指依法律直接规定而产生的代理。这种方式主要适用于无行为能力人或限制行为能力人。(3) 指定代理。指根据法院或有关机关的指定行为而发生的代理。

7. 答：经济权利主要有：(1) 所有权。它是指所有人依法对自己所有的财产享有的占有、使用、收益和处分的权利。(2) 经济职权。它是指国家机关及工作人员在行使经济管理职能时依法所享有的权利。(3) 经营管理权。它是指企业对所有人授予其经营管理时所享有的占有、使用和依法处分的权利，以及由此产生的对企业管理的权利。(4) 法人财产权。它是指企业法人对企业所有者投资所设企业的全部财产在经营中所享有的占有、使用、收益和处分的权利。(5) 知识产权。它是指智力成果的创造人依法所享有的权利和生产经营活动中标记所有人依法享有的权利的总称。

8. 答：经济法的基本原则有：(1) 国家适度干预的原则；(2) 社会本位原则；(3) 经济公平原则；(4) 经济效益原则。

七、案例分析

第1题

大华百货公司应负责。因为这是代理的一种情况。代理权已经撤回或终止后，大华百货公司未通知第三人，导致第三人不知情仍与原代理人进行法律行为。第三人即腾达公司可向大华百货公司主张权利，即腾达公司可向大华百货公司提出因代理人张某所签订合同而造成的一切经济损失的赔偿。

第2题

本案中，王林、王刚二人都是王芳的监护人范围内的近亲属，二人对担任监护人发生争议，王芳住所地居民委员会有权予以指定，指定王林为王芳的监护人，他也自然就成为王芳的代理人。如果王林对此不服，可以在法定期间内向人民法院起诉。

第3题

应该归还。因为这对玉马是阮某寄存在张家，阮某病故，阮之子有权索还属于阮家所有的玉马。阮家玉马寄存在张家虽然已过6年，仍不能改变阮家对玉马的所有权。按占有时效的法律规定，张家也不是以自己所有的意思占有玉马的，而明知玉马是阮家的寄存物。所以，虽然已过6年张家也无权取得玉马的所有权。

第4题

甲对乙的付款请求权没过时效。根据法律规定，债权订有期限的，诉讼时效期间自期限到来时起算。这样甲的诉讼期间从甲乙双方约定付款的日期1999年12月4日起开始计算，期间为2年，到2001年12月4日止。但后来甲在2001年7月4日成为植物人，也就是在诉讼时效期间的最后6个月内因法定事由不能行使请求权，造成了诉讼时效的中止。至法定事由消除后诉讼时效期间继续进行，也就是在2001年8月4日再继续进行，因为剩下的时效期间不足6个月，就补足6个月，诉讼时效应该到2002年2月4日止。而此时丙成为甲的监护人（法定代理人），因此丙在2002年2月3日主张权利，要求乙偿还债务，没有超过诉讼时效。

第二章参考答案

一、名词解释

1. 非法人企业：非法人企业是指不具有法人主体地位的企业。非法人企业的成员对企业的债务要承担无限责任，即当企业的财产不足以承担企业的债务时，不足的部分以企业成员的个人财产承担。

2. 合伙企业：合伙企业是指按照《合伙企业法》在中国境内设立，由各合伙人订立合伙协议，共同出资、合伙经营、共享收益、共担风险，并对合伙企业债务承担无限连带责任的赢利性组织。

3. 合伙协议：合伙协议是由各合伙人通过协商，共同决定相互间的权利义务所达成的具有法律约束力的文件。合伙协议应当依法由全体合伙人协商一致，以书面形式订立。合伙协议经全体合伙人签名、盖章后生效。合伙人依照合伙协议享有权利，承担义务。

4. 入伙：入伙是指在合伙企业存续期间，合伙人以外的第三人加入合伙，从而取得合伙人资格。入伙要经过全体合伙人的一致同意，并签订书面协议。

5. 无限连带责任：无限连带责任是指在合伙企业中，当合伙企业的财产不足以清偿其债务时，合伙人应当以自己的个人财产承担不足部分的清偿责任，而且任何合伙人有义务清偿全部债务。合伙人清偿债务超过所应负担的份额的，可以向其他合伙人追偿。

6. 合伙企业清算：合伙企业清算是指在合伙宣告解散后，为了清理合伙的未了事务，终结合伙现存的各种法律关系，使合伙归于消灭，而依法实施的各种法律行为。

7. 个人独资企业：个人独资企业是指依照《个人独资企业法》在中国境内设立，由一个自然人投资，财产为投资人个人所有，投资人以其个人财产对企业债务承担无限责任的经营实体。

二、填空题

1. 独资企业　合伙企业　公司
2. 权利能力　行为能力　民事权利　民事义务
3. 货币　实物　土地使用权　知识产权
4. 一人一票
5. 合伙协议　合伙协议　平均
6. 连带责任
7. 连带责任
8. 无限责任　自己个人的全部财产
9. 会计事务管理　用工事务管理　社会保险事务管理
10. 投资人自行清算　指定清算人

三、单项选择题

1. D　2. D　3. C　4. A　5. A　6. D　7. A　8. C　9. C
10. B　11. C　12. D

四、多项选择题

1. A B C D　2. A B D　3. C D　4. A B C D
5. B D　6. A C　7. B C　8. A D
9. ABC　10. A B C D　11. A C D　12. A B C D

五、判断题

1. √　2. ×　3. ×　4. ×　5. ×　6. ×　7. ×　8. ×　9. ×　10. √

六、简答题

1. 答：企业是指依法设立的，以营利为目的，从事生产经营活动或服务性业务的独立核算的经济组织。企业具有以下特征：(1) 组织性；(2) 营利性；(3) 独立性；(4) 合法性。

2. 答：合伙企业的设立条件为：(1) 有两个以上合伙人、且均为承担无限责任者；(2) 有书面合伙协议；(3) 有各合伙人实际缴付的出资；(4) 有合伙企业的名称，有经营场所和从事合伙经营的必要条件。

3. 答：《合伙企业法》对合伙企业财产的转让作了以下限制性规定：(1) 合伙企业存续期间、合伙人向合伙人以外的人转让其在合伙企业中的全部或者部分财产份额时，须经其他合伙人的一致同意。(2) 合伙人之间转让在合伙企业中的全部或者部分财产份额时，应当通知其他合伙人。(3) 合伙人依法转让其财产份额时，在同等条件下其他合伙人有优先受让的权利。

4. 答：合伙企业的下列事务必须经全体合伙人一致同意：(1) 处分合伙企业的不动产；(2) 改变合伙企业名称；(3) 转让或者处分合伙企业的知识产权和其他财产权利；(4) 向企业登记机关申请办理变更登记手续；(5) 以合伙企业名义为他人提供担保；(6) 聘任合伙人以外的人担任合伙企业的经营管理人员；(7) 依照合伙协议约定的有关事项。

5. 答：合伙企业财产在支付清算费用后，按下列顺序清偿：(1) 合伙企业所欠招用的职工工资和劳动保险费用；(2) 合伙企业所欠税款；(3) 合伙企业的债务；(4) 返还合伙人的出资。

6. 答：设立个人独资企业应当具备下列条件：(1) 投资人为一个自然人，且只能是中国公民；(2) 有合法的企业名称；(3) 有投资人申报的出资；(4) 有固定的生产经营场所和必要的生产经营条件；(5) 有必要的从业人员。

七、案例分析

第1题

1. 甲以合伙企业的名义与红天公司所签的销售合同有效。根据《合伙企业法》的规定，合伙企业对合伙人执行合伙企业事务以及对外代表合伙企业权利的限制，不能对抗不知情的善意第三人。在本题中，尽管作为合伙人的甲超越合伙企业的内部限制，但红天公司为善意第三人，因此甲以合伙企业的名义与红天公司所签订的销售合同有效。

2. 丁的主张不成立。根据《合伙企业法》的规定，退伙人对其退伙前已发生的合伙企业债务，与其他合伙人承担连带责任。如果丁向红天公司偿还了24万元，李可以向合伙人甲、丙、戊进行追偿，追偿的数额为24万元。因为，对外，退伙人丁对其退伙前的合伙企业债务应承担连带责任；但在合伙企业内部，由于丁退伙前已与其他合伙人进行了结算，他对该债务并不承担清偿责任，故其追偿的数额为24万元。

3. 戊的主张不成立。根据《合伙企业法》的规定，入伙的新合伙人对入伙前的合伙企业债务承担连带责任。

4. 甲聘任田某担任合伙企业的经营管理人员的行为不符合规定。根据《合伙企业法》的规定，委托1名或数名合伙人执行合伙企业事务时，以下事务必须经全体合伙人一致同意：（1）处分合伙企业的不动产；（2）改变合伙企业名称；（3）转让或者处分合伙企业的知识产权和其他财产权利；（4）向企业登记机关申请办理变更登记手续；（5）以合伙企业名义为他人提供担保；（6）聘任合伙人以外的人担任合伙企业的经营管理人员；（7）依照合伙协议约定的有关事项。

第2题

1. 不合法。因为《个人独资企业法》规定，个人独资业设立分支机构，应当由投资人或者其委托的代理人向分支机构所在地的登记机关申请设立登记。

2. 快餐店应当与各店长就聘用事项签订书面合同。《个人独资企业法》规定，投资人委托或者聘用他人管理个人独资企业事务，应当与受托人或者被聘用的人签订书面合同，明确委托的具体内容和授予的权利范围。

3. 甲分店店长的行为不合法。因为《个人独资企业法》规定，投资人委托或者聘用的管理个人独资企业事务的人员不得未经投资人同意，从事与本企业相竞争的业务。甲分店店长与其亲戚所开的快餐店与快餐店A特色相同，与快餐店A相竞争。

4. 谭某不能逃避债务。因为《个人独资企业法》规定，分支机构的民事责任由设立该分支机构的个人独资企业承担，而且个人独资企业的投资人对企业债务承担无限责任。因此，即使快餐店A解散，李某也不能逃避其分店的债务。

第三章参考答案

一、名词解释

1. 公司：公司是指依照法律规定，以营利为目的，由股东投资而设立的企业法人。

2. 公司法：公司法是调整公司设立、组织机构及其对内对外活动中发生的社会关系的法律规范的总称。

3. 有限责任公司：有限责任公司亦称有限公司，是指由符合法定要求的股东依法设立，股东以其认缴的出资额为限对公司承担责任，公司以其全部财产对公司的债务承担责任的企业法人。

4. 国有独资公司：国有独资公司是指国家单独出资、由国务院或者地方人民政府授权本级人民政府国有资产监督管理机构履行出资人职责的有限责任公司。

5. 股份有限公司：股份有限公司也称股份公司，是指依照公司法的有关规定设立的，其全部资本分为等额股份，股东以其认购的股份为限对公司承担责任，公司以其全部财产对公司的债务承担责任的企业法人。

6. 发起设立：发起设立是指公司发行的股份由发起人全部认足，而不再向社会公众募集，一次确定股东。

7. 募集设立：募集设立是指由发起人认购公司应发行股份的一部分，其余股份向社会公开募集或者向特定对象募集而设立公司。

8. 上市公司：上市公司是指其股票在证券交易所上市交易的股份有限公司。

9. 股票：股票是指由股份有限公司向股东签发的证明股东所持股份的有价证券。

10. 累积投票制：累积投票制是指股东大会选举董事或者监事时，每一股份拥有与应选董事或者监事人数相同的表决权，股东拥有的表决权可以集中使用。

二、填空题

1. 一人有限责任公司

2. 主要办事机构

3. 资产受益　重大决策　选择管理者

4. 优先受让权

5. 出资最多

6. 公司章程　3 年

7. 3

8. 10 万元　一次足额

9. 执行董事

10. 股东代表　公司职工代表　1/3

11. 发起设立　募集设立

12. 35%

13. 过半数　2/3 以上

14. 二　十

15. 同股同权　同股同利

16. 一年

17. 国务院证券监督管理部门　公开发行股票

18. 10%　50%

19. 弥补公司的亏损　扩大公司生产经营　转为增加公司资本

20. 吸收合并　新设合并

21. 股东　董事　监事　高级管理人员

22. 董事　高级管理人员

23. 30

24. 2　200　半数

三、单项选择题

1. C　2. D　3. C　4. C　5. A　6. D　7. B　8. C　9. C　10. D
11. D　12. C　13. C　14. B　15. A　16. C　17. D　18. D　19. A　20. A

四、多项选择题

1. A B D	2. A B C	3. A B C	4. A B C
5. A B C D	6. A B C	7. A B C D	8. A B C
9. A B C D	10. A C	11. A C	12. A B C D
13. B C D	14. A B C D	15. A C	16. A C D
17. C D	18. A B D	19. A B C	20. A B C

五、判断题

1. ×　2. √　3. ×　4. ×　5. ×　6. ×　7. ×　8. √
9. ×　10. ×　11. √　12. ×　13. √　14. √　15. ×　16. √
17. √　18. √　19. √　20. √

六、简答题

1. 答：对于公司可根据不同标准进行多种划分。按股东对公司所负责任的不同，分为无限责任公司、有限责任公司、股份有限公司和两合公司；按公司信用基础的不同，分为人合公司、资合公司和人合兼资合公司；按公司体系的不同，分为总公司与分公司、母公司与子公司；以公司开放性程度不同，可分为封闭式公司和开放式公司。

2. 答：与其他企业形式相比，有限责任公司有如下特征：

（1）股东人数的限制性。

（2）股东责任的有限性。

（3）公司性质的人资两合性。

（4）公司运作的封闭性。

（5）公司机构设置的灵活性。

3. 答：设立股份有限公司应当具备的条件：

（1）发起人符合法定人数。

（2）发起人认缴和社会公开募集的股本达到法定资本的最低限额。

（3）股份的发行和筹办等事项符合法律规定。

（4）发起人制定公司章程，并经创立大会通过。

（5）有公司名称；建立符合股份有限公司要求的组织机构。

（6）有公司住所。

4. 答：股票、公司债券不同的法律特征有：

（1）公司债券表示发行者与投资者之间的债权、债务关系；股票表示投资者对发行股票的公司拥有股东的一系列权利。

（2）公司债券的本金到期退还，公司股票所表示的股金则不允许退还。

（3）公司债券的利息是固定的，股票的收益可能较高或较低，风险比债券大。

（4）债券持有人在公司解散或者破产的情况下，优先于股东得到债务清偿。

5. 答：《公司法》对一人有限责任公司作了特别的限制性规定，建立了严密的风险防范制度。具体有以下几个方面：

（1）一人有限责任公司的注册资本最低限额为人民币 10 万元。股东应当一次足额缴纳公司章程规定的出资额。

（2）一个自然人或法人只能投资设立一个一人有限责任公司。

（3）一人有限责任公司应当在每一会计年度终了时编制财务会计报告，并经会计师事务所审计。

（4）一人有限责任公司的股东不能证明公司财产独立于股东自己的财产的，应当对公司债务承担连带责任。相对于其他公司的法人人格否认在举证责任方面，一人有限公司适用举证责任倒置。

6. 答：股份有限公司申请股票上市，应当符合下列条件：

（1）股票经国务院证券监督管理机构核准已公开发行；

（2）公司股本总额不少于人民币 3000 万元；

（3）公开发行的股份达到公司股份总数的 25% 以上；公司股本总额超过人民币 4 亿元的，公开发行股份的比例为 10% 以上；

（4）公司最近三年无重大违法行为，财务会计报告无虚假记载。

证券交易所可以规定高于前款规定的上市条件，并报国务院证券监督管理机构批准。

7. 答：公开发行公司债券，应当符合下列条件：

（1）股份有限公司的净资产不低于人民币3000万元，有限责任公司的净资产不低于人民币6000万元；

（2）累计债券余额不超过公司净资产的40%；

（3）最近三年平均可分配利润足以支付公司债券一年的利息；

（4）筹集的资金投向符合国家产业政策；

（5）债券的利率不超过国务院限定的利率水平；

（6）国务院规定的其他条件。

8. 答：发起人就是订立发起人协议，提出公司申请，认购公司股份，并对公司设立承担责任的人。发起人有如下法律责任：

（1）股份有限公司发起人承担公司筹办事务。发起人应当签订发起人协议，明确各自在公司设立过程中的权利和义务。发起人应当书面认足公司章程规定其认购的股份；一次缴纳的，应即缴纳全部出资；分期缴纳的，应即缴纳首期出资。以非货币财产出资的，应当依法办理其财产权的转移手续。发起人不依照前款规定缴纳出资的，应当按照发起人协议承担违约责任。股份有限公司成立后，发起人未按照公司章程的规定缴足出资的，应当补缴；其他发起人承担连带责任。

（2）股份有限公司成立后，发现作为设立公司出资的非货币财产的实际价额显著低于公司章程所定价额的，应当由交付该出资的发起人补足其差额；其他发起人承担连带责任。

（3）公司不能成立时，对设立行为所产生的债务和费用负连带责任；对认股人已缴纳的股款，负返还股款并加算银行同期存款利息的连带责任。

（4）在公司设立过程中，由于发起人的过失致使公司利益受到损害的，应当对公司承担赔偿责任。

9. 答：《公司法》规定，股东会行使下列职权：

（1）决定公司的经营方针和投资计划；

（2）选举和更换非由职工代表担任的董事、监事，决定有关董事、监事的报酬事项；

（3）审议批准董事会的报告；

（4）审议批准监事会或者监事的报告；

（5）审议批准公司的年度财务预算方案、决算方案；

（6）审议批准公司的利润分配方案和弥补亏损方案；

（7）对公司增加或者减少注册资本作出决议；

（8）对发行公司债券作出决议；

（9）对公司合并、分立、解散、清算或者变更公司形式作出决议；

（10）修改公司章程；

（11）公司章程规定的其他职权。

对上述所列事项股东以书面形式一致表示同意的，可以不召开股东会会议，直接作出决定，并由全体股东在决定文件上签名、盖章。

10. 答：上市公司，是指其股票在证券交易所上市交易的股份有限公司。上市公司具有最广泛的公众性，因此，《公司法》对其组织机构规定了一般股份公司所不具备的要求。

（1）重大事项表决

上市公司一般规模较大，一些需要决议的事项关系重大，被设置为特别决议事项，必须等到绝大多数同意才能通过。根据《公司法》第一百二十二条规定，上市公司在一年内购买、出售重大资产或者担保金额超过公司资产总额30%的，应当由股东大会作出决议，并经出席会议的股东所持表决权的2/3以上通过。

（2）独立董事

独立董事是与受聘的上市公司及其主要股东不存在可能妨碍其进行独立客观判断的一切关系的特定董事。设立独立董事，对于改善公司治理、提高监控职能、维护公众投资者的利益具有积极的作用，有利于实现公司价值与股东利益的最大化。上市公司设立独立董事，具体办法由国务院规定。

（3）董事会秘书

董事会职权广泛，上市公司董事会工作更为繁重，有必要设置秘书来协助工作。上市公司董事会秘书，负责公司股东大会和董事会会议的筹备、文件保管以及公司股东案情的管理，办理信息披露事务等事宜。

（4）董事对关联关系表决的回避

上市公司董事与董事会会议决议事项所涉及的企业有关联关系的，不得对该项决议行使表决权，也不得代理其他董事行使表决权。该董事会会议由过半数的无关联关系董事出席即可举行，董事会会议所作决议须经无关联关系董事过半数通过。出席董事会的无关联关系董事人数不足三人的，应将该事项提交上市公司股东大会审议。这里所称的关联关系，是指公司控股股东、实际控制人、董事、监事、高级管理人员与其直接或者间接控制的企业之间的关系，以及可能导致公司利益转移的其他关系。但是，国家控股的企业之间不因同受国家控股而具有关联关系。

七、案例分析

第1题

1. 该百货公司是有限责任公司，其注册资本符合法律规定。根据《公司法》第二十六条规定“有限责任公司注册资本的最低限额为人民币三万元。法律、行政法规对有限责任公司注册资本的最低限额有较高规定的，从其规定。”

2. 符合法律规定。根据《公司法》第五十一条规定：“有限责任公司，股东人数较少和规模较小的，可以设一名执行董事，不设董事会。”所以，本案中某百货公司股东人数少，不设董事会是合法的。

3.《中华人民共和国公务员法》明确规定：“公务员不得从事或者参与营利性活动，在企业或者其他营利性组织中兼任职务。”本案中，杜某身为工商局工作人员，不能任公司经理。

4.《公司法》规定董事、高级管理人员除公司章程的规定或者经股东会、股东大会同意外，不得同本公司订立合同或进行交易。董事、高级管理人员违反规定所得的收入应当归公司所有。本案中杜某滥用职权，未经任何人同意，为谋私利和本公司订立合同，是违反《公司法》的。《公司法》同时也规定董事、监事、高级管理人员执行公司职务对违反法律、行政法规或者公司章程的规定，给公司造成损害的，应当承担赔偿责任。所以，不仅杜某和本公司签订的合同是无效的，其收入应当归公司所有，而且杜某还应承担因此给公司造成的损失。

第2题

1. 我国《公司法》规定：未经股东会或者股东大会同意，利用职务便利为自己或者他人谋取属于公司的商业机会，董事、高级管理人员不得自营或者为他人经营与其所任职公司同类的营业或者从事损害本公司利益的活动。从事上述营业或者活动的，所得收入应当归公司所有。该案中，甲、乙身为泉水饮料股份有限公司的董事，却自己兼营饮料厂，虽然牌子不一样，但是同是饮料行业，属于《公司法》的禁止范围，所以甲、乙两人的主张没有法律依据，所得收入10万元应归公司所有。

2. 泉水饮料股份有限公司通过董事会研究决定罢免了甲、乙两人的董事职务，不符合《公司法》的要求。根据《公司法》的规定，股东大会的职权有：“选举和更换非由职工代表担任的董事、监事，决定有关董事、监事的报酬事项。”由此可见，董事会不能决定罢免甲、乙两人的董事职务，此项权力只能由股东大会行使。所以，董事会认为必要，可根据《公司法》的规定提议召开临时股东大会，由股东大会行使罢免董事权。

第3题

1. 皮革厂可作为破产财产的数额为：（600万元－100万元）＋80万元＋20万元＝600万元。

2. A皮革厂财产中不属于破产财产的财产为：100万元＋100万元＝200万元。

3. 用于优先拨付的破产费用数额为：20 万元 +4 万元 =24 万元。

第 4 题

欣欣股份有限公司（以下简称“欣欣公司”）的成立不符合《公司法》的有关规定。主要表现在：

1. 在募集设立情况下，发起人认购的股份不得少于公司股份总数的 35%。而欣欣公司发起人才认购 250 万元，不够其注册资本总额的 35%，即 800 万元 ×35% =280 万元。

2. 《公司法》规定，只有在已发行股份的股款已经缴足的前提下才能召开创立大会。而欣欣公司办理了抵押贷款才将资金筹足，所发行的股份并未认购完。

3. 《公司法》规定，创立大会应由发起人召集主持。A 市证券监督管理机构主持召开创立大会不合法。

第 5 题

有限责任公司成立后，发现作为设立公司出资的非货币财产的实际价额显著低于公司章程所定价额的，应当由交付该出资的股东补足其差额；公司设立时的其他股东承担连带责任。因此，丙厂应补交 9 万元，甲厂、乙厂承担连带责任。

第 6 题

该股份有限公司的成立不符合《公司法》的有关规定。主要表现在：

1. 在募集设立情况下，发起人认购的股份不得少于公司股份总数的 35%。而该公司发起人才认购 2400 万元，不够其注册资本总额的 35%，即 8000 万元 ×35% =2800 万元。

2. 发起人应当自股款缴足之日起 30 日内主持召开公司创立大会。未在规定期限内召开，认股人可要求退股，并加算银行同期存款利息。

作为认股人，可以以上述理由反驳募集小组的说法。

第 7 题

1. 张某、刘某的说法正确。张某、刘某作为公司的股东，仅以其认缴的出资额为限对公司承担责任，当张某、刘某如实出资后，其义务就履行完毕，不对外承担责任。

2. 肖某和姜某的说法不正确。合伙企业中合伙人对合伙企业的债权人承担无限连带责任。当合伙企业无清偿能力时，合伙人应负责清偿。

3. 金某的说法不正确。合伙企业的退伙人对退伙前发生的债务承担无限连带责任。

4. 甲公司的债权应向乙公司和合伙企业请求清偿，并且对合伙企业的债务甲公司可向肖某、姜某和金某请求清偿。

第 8 题

1. 公司董事会无权作出增加注册资本的决议。对于增加注册资本系股东会的职权，董事会无权决定。

2. 临时股东会的召集程序不合法。代表 1/10 以上表决权的股东，1/3 以上的董事，监事会或者不设监事会的公司的监事有权提议召开临时股东会会议，设监事会的公司监事无权提议。

3. 临时股东会通过的决议有效。股东会会议作出修改公司章程、增加或者减少注册资本的决议，以及公司合并、分立、解散或者变更公司形式的决议，必须经代表 2/3 以上有表决权的股东通过。该决议符合了此要求。

第 9 题

1. 饮料公司的组织机构设置不符合《公司法》的规定。有限责任公司，股东人数较少和规模较小的，可以设一名执行董事，不设董事会；不设监事会，只设一至两名监事。本案中公司有 5 名股东，且注册资本为 200 万元，不符合此要求，故不能只设一名执行董事，一名监事。

2. 饮料公司设立保健品厂的行为在《公司法》上属于公司的分立。保健品厂设立后，饮料公司原有的债务应由饮料公司和保健品厂承担连带责任。

3. 乙转让股份时应遵循股东向股东以外的人转让股权，应当经其他股东过半数同意。股东应就其股权转让事项书面通知其他股东征求同意，其他股东自接到书面通知之日起满 30 日未答复的，视为同意转让。其他股东半数以上不同意转让的，不同意的股东应当购买该转让的股权；不购买的，视为同意转让。经股东同意转让的股权，在同等条件下，其他股东有优先购买权。两个以上股东主张行使优先购买权的，协商确定各自的购买比例；协商不成的，按照转让时各自的出资比例行使优先购买权。公司章程对股权转让另有规定的，从其规定。人民法院依照法律规定的强制执行程序转让股东的股权时，应当通知公司及全体股东，其他股东在同等条件下有优先购买权。其他股东自人民法院通知之日起满 20 日不行使优先购买权的，视为放弃优先购买权。

第四章参考答案

一、名词解释

1. 合同：合同，又叫契约、协议，是指平等当事人之间设立、变更、终止民事权利义务关系的协议。

2. 诚实信用原则：诚实信用原则是民法的最基本原则，它要求民事主体在从事活动时，应讲究信用，恪守诺言，诚实不欺，应公平衡量并兼顾双方利益，以善意的心理方式履行义务，不得滥用权利，规避法律，不得损害社会公共利益和第三人的利益。

3. 承诺：承诺是指受要约人向要约人作出的同意要约以成立合同的意思表示。

4. 显失公平：显失公平是指一方在情况紧迫或缺乏经验的情况下，订立对自己明显有重大不利的合同。

5. 同时履行抗辩权：同时履行抗辩权是指当事人互负债务且没有先后履行顺序，一方当事人在对方未为对待给付前，拒绝履行自己的合同义务的权利。

6. 代位权：代位权是指当合同债务人怠于行使其对第三人享有的权利而危及债权人的债权时，合同债权人可以向法院请求以自己的名义代替行使合同债务人对第三人的权利。

7. 混同：混同是指债权与债务同归于一人，而使合同关系消灭的事实。

8. 协作履行原则：协作履行原则，是指当事人在全面履行自己合同债务的同时，应当基于诚实信用的要求，在必要的限度内，配合协助对方当事人履行债务。

9. 债务承担：债务承担即债务的转让，是指不改变合同内容，债权人或者债务人依法将合同义务全部或部分转移给第三人承担的行为。

10. 要约：要约即订约提议，是指一方当事人向他人提出的希望以一定条件订立合同的意思表示。

11. 不可抗力：不可抗力是指当事人在订立合同时不能预见，对其发生和后果不能避免并不能克服的事件。

12. 效力待定合同：效力待定合同，是指合同虽然成立，但不具备合同的生效要件，其效力能否发生尚未确定，须经权利人追认或者拒绝才能确定效力的合同。

13. 保证：保证是指第三人和债权人约定，当债务人不履行债务时，该第三人按照约定履行债务或者承受担责任的方式。

14. 定金：定金是指当事人一方为了担保合同的履行而预先向对方支付的一定数额的金钱。

15. 违约责任：违约责任是指当事人不履行合同义务或履行合同义务不符合约定时，依法所产生的法律责任。

16. 赔偿损失：赔偿损失是指因合同一方当事人的违约行为而给对方当事人造成财产损失时，违约方给予对方的经济补偿。

17. 留置：留置是指债权人按照合同约定占有债务人的动产，债务人不按照合同约定的期限履行债务的，债权人有权依照法律规定留置该财产，以该财产折价或以拍卖、变卖该财产的价款优先受偿。

18. 格式合同：格式合同是当事人为了重复使用而预先拟定，并在订立合同时未与对方协商的合同。

二、填空题

1. 有名合同　无名合同
2. 书面形式　口头形式
3. 要约　承诺
4. 代位权　撤销权
5. 送达受要约人
6. 期限届至
7. 债务人
8. 协议变更　法定变更
9. 连带债务　比例
10. 清偿
11. 要约引诱
12. 提供格式合同
13. 仍然有效
14. 动产质押　权利质押
15. 6

三、单项选择题

1. D　2. B　3. C　4. A　5. C　6. A　7. A　8. B　9. C　10. D
11. C　12. A　13. A　14. D　15. C

四、多项选择题

1. A B C D　2. A B　3. C D　4. A C
5. A B C　6. A B C　7. A B C D　8. A B C D
9. A B C D E　10. A B C　11. A B C　12. A B C D
13. A B C D　14. A B C D　15. B C

五、判断题

1. ×　2. √　3. ×　4. ×　5. √　6. √　7. ×　8. √
9. √　10. √　11. ×　12. ×　13. ×　14. √　15. √　16. ×
17. √　18. √　19. ×　20. ×

六、简答题

1. 答：合同的生效要件如下：
(1) 订约当事人主体合法；

（2）意思表示真实；

（3）合同内容不违反法律规范及社会公共利益。

2. 答：合同终止的情形主要有以下 7 种：清偿、合同解除、抵消、提存、免除债务、混同以及法律规定或者当事人约定终止的其他情形 。

3. 答：承担违约责任的方式有：

（1）继续履行。即当事人一方不履行合同义务或者履行合同义务不符合约定时，另一方当事人可以要求其在合同履行期届满后，继续按照原合同约定履行义务。

（2）采取补救措施。履行质量不符合约定的，应当按照当事人的约定承担违约责任，受损害方可以根据标的性质以及损失的大小，合理选择请示对方采取修理、更换、重做、退货、减少价款或者报酬等补救措施。

（3）赔偿损失。因合同一方当事人的违约行为而给对方当事人造成财产损失时，违约方给予对方的经济补偿。

（4）支付违约金。当事人在合同中预先约定的在一方违约时应当向对方支付的一定数额的金钱。

（5）定金。给付定金的一方不履行约定的债务的，无权要求返还定金；收受定金的一方不履行约定的债务的，应当双倍返还定金，这又表明定金是一种违约责任形式。

4. 答：后履行抗辩权要符合下列条件：

第一，当事人因同一双务合同而互负义务；

第二，当事人一方须有先履行的义务；

第三，先履行一方到期未履行债务或未按约定履行债务。

5. 答：合同的履行原则有：

（1）适当履行原则。它要求当事人按照合同约定的标的及其质量、数量，由适当的主体在适当的履行期限，履行地点，以适当的履行方式，全面完成合同的义务。

（2）协作履行原则。它是指当事人在全面履行自己合同债务的同时，应当基于诚实信用的要求，在必要的限度内，配合协助对方当事人履行债务。

（3）经济合理原则。它要求债务人在完成合同义务时，讲求经济效益，付出最小的成本，取得最好的合同利益。

6. 答：违约行为有包括下列四种：

（1）不能履行。即债务人由于某种情形，在客观上已经没有履行能力，从而导致事实上已经不可能再履行债务。

（2）延迟履行。即债务人虽然能够履行，但在履行期限届满时却未履行债务的现象。

（3）拒绝履行。即当事人一方明确表示或者以自己的行为表明不履行合同义务。

（4）不完全履行。即债务人虽然履行了债务，但其履行没有完全按照合同约定的内容履行完毕。

7. 答：抵押是指债务人或者第三人以其特定财产在不转移占有的前提下，将该财产作为对债权的担保。当债务人不履行债务的时候，债权人有权依法以该财产折价或以拍卖、变卖该财产的价款优先受偿。

抵押权的实现：债务履行期届满抵押权人未受清偿的，可以与抵押人协议以拍卖，变卖该抵押物所得的价款受偿；协议不成的，抵押权人可以向人民法院提起诉讼。

8. 答：违约责任免除的情形有：

（1）不可抗力。不可抗力是指当事人在订立合同时不能预见，对其发生和后果不能避免并不能克服的事件。不可抗力包括自然灾害，例如火灾、地震等；政府行为，例如政府征用，发布新政策法规等；社会异常事件，例如罢工、战争等情形。

（2）免责条款。免责条款是指当事人在合同中约定的排除或限制其未来民事责任的合同条款。

9. 答：债权人的撤销权成立的条件有客观要件和主观要件两个方面。

客观要件是债务人作出了减少自己责任财产的行为，并危及了债权人的债权。包括以下情况：债务人放弃了其到期债务；债务人无偿转让财产；债务人以明显不合理的低价转让财产等。

主观方面的条件主要是看第三人有无恶意，如果债务人所作的危害债权的行为是无偿的，则无论第三人是否处于恶意，均可撤销；如果债务人行为是有偿的，则第三人为恶意可撤销，第三人为善意不能撤销。

10. 答：担保的主要方式有：

（1）保证。即第三人和债权人约定，当债务人不履行债务时，该第三人按照约定履行债务或者承担责任的方式。

（2）抵押。即债务人或者第三人以其特定财产在不转移占有的前提下，将该财产作为对债权的担保。当债务人不履行债务的时候，债权人有权依法以该财产折价或以拍卖、变卖该财产的价款优先受偿。

（3）质押。即指债务人或第三人将其特定财产移交债权人占有，作为债权的担保。债务人不履行债务时，债权人有权依法将其特定财产折价或以拍卖、变卖的价款优先受偿。

（4）留置。即指债权人按照合同约定占有债务人的动产，债务人不按照合同约定的期限履行债务的，债权人有权依照法律规定留置该财产，以该财产折价或以拍卖、变卖该财产的价款优先受偿。

（5）定金。即当事人一方为了担保合同的履行而预先向对方支付的一定数额的金钱。

七、案例分析

第1题

演出公司是在行使《合同法》所赋予的不安抗辩权，是符合《合同法》规定的。理由如下：本案中，王某和演出公司订立的演出合同是一个双务合同，并且双方有履行合同义务的先后顺序（其中，演出公司先支付出场费6万元）。演出合同订立后，王某因车祸而住院。演出公司经咨询医生后，得知王某很有可能无法按时履行演出的义务，便通知王某其出场费不能按合同约定提前支付。以上情况完全符合不安抗辩权的条件，即在有先后履行顺序的双务合同中，后履行合同义务的当事人王某出现了有可能丧失履行能力的情形，原本应先履行合同义务（即支付6万元的出场费）的演出公司，以通知的形式告知王某中止履行义务。当然，如果后来王某在演出前恢复了身体健康，能够如约出场演奏了，则演出公司应及时履行自己的义务。

第2题

根据《合同法》规定的合同订立的程序，甲建筑公司同丙河沙厂之间并未订立河沙买卖合同。案例中，甲建筑公司发出的电报是要约邀请而非要约，电报称“我公司急需建筑用河沙300吨，如果贵厂有河沙，请于见电报之日起2日内电报通知我公司，我公司将派采购员前往验货并购买”，表明甲公司打算购买河沙，希望丙公司向自己发出关于河沙的具体细节，然后自己派人验货，符合要求才购买。同时我们也看到，甲公司的电报的内容并不具体、确定，没有包含订立合同的主要条件，如河沙的质量、价格等，不符合要约的条件。因此，甲公司的电报是要约邀请，目的是希望丙公司向自己发出要约。案例中，丙公司没有向甲公司发出要约，甲公司没有承诺，他们之间没有形成买卖河沙的合同，所以甲公司当然无须接收丙公司的河沙并支付货款了。

第3题

吴某与赵某订立的买卖饲料草的合同是口头形式。

合同订立后，吴某的饲料草被烧毁，吴某要求赵某提前履行买卖饲料草的合同。赵某却趁吴某急需饲料草之际，提出了明显不公平合理的要求，强迫吴某用两头良种奶牛来换取5000公斤饲料草。吴某出于无奈，不得已答应了赵某的苛刻条件，用价值2200元的两头奶牛换取了对方价值仅1500元的饲料草。根据合同效力的有关规定，吴某与赵某的合同是乘人之危的合同，作为受害人的吴某有权请求法院撤销此合同，返还奶牛。

第4题

本案中，原告与被告订立了买卖水泥的合同，但经过使用后的检测，发现蒋某交付的水泥不符合合同约定的质量要求（水泥不合格），根据《合同法》的规定，蒋某履行合同不符合约定，构成了违约，蒋某应承担违约责任。由于蒋某的违约，导致于氏兄弟制作水磨石地面的目的落空，并造成各种实际损失共计 12 448 元，因此蒋某应当赔偿于氏兄弟 12 448 元。

第 5 题

王某在张某和李某原来的借款合同上签名担保，成为原借款合同的保证人。后来，张某和李某出于特殊的原因而变更了借款合同的部分内容，但王某不知情，也未在变更后的借据上签名。根据《合同法》关于保证的规定，在保证期间，主合同当事人协议变更主合同内容的，应当取得保证人书面同意，否则保证人不再承担保证责任。但主合同数量、价款、币种、利率等变更未征得保证人同意的，如果合同变更减轻了主债务人的债务，保证人仍承担保证责任；如果加重了主债务人的债务，保证人对加重部分不承担责任。本案中，虽然张、李二人变更合同未征得王某同意，但是在变更后的合同中，李某放弃部分利息，将月利率减为 9‰，这就减轻了主债务人张某的债务。因此王某仍然是变更后的借款合同的担保人，要承担连带保证责任。

第 6 题

甲某的行为构成了违约。因为合同约定的生效期是 2002 年 10 月 1 日，租期为两年，而到了 10 月 8 日，甲某明确表示不履行合同，已构成违约。

本案中，甲某所交的 5000 元定金不应当退还。因为按照定金罚则，给付定金的一方不履行约定的债务的，无权要求返还定金；收受定金的一方不履行约定的债务的，应当双倍返还定金。甲某给付了定金，但不履行合同的约定，无权要求退还定金。

第 7 题

宾馆出示的住宿通知是宾馆为了重复使用而预先制定的、作为与旅客订立合同的规定，所以是典型的格式合同。格式条款要成为合同的一部分，须经旅客的同意。

在本案中，在李老三夫妇入住时，悦来宾馆并未向其说明有住宿通知的存在，因此李老三夫妇并不知道有此条款，因而该关于餐费的条款不能成为双方合同的内容。尽管宾馆方认为这是由于李老三本人未领取住宿通知造成的，也不能认为李老三夫妇同意了该条款。同时，由于悦来宾馆没有证据表明李老三夫妇在宾馆内用过餐，所以李老三夫妇不承担支付早餐和晚餐的费用。

第 8 题

刘某与贾某订立的买卖合同属于是可撤销的合同，因为贾某出卖该画时的意思表示是不真实的，他并不知道出卖的是高价值齐白石的画，导致以极低的价格出卖，从而使自己蒙受损失。

对于贾某的诉讼请求，法院应当支持。根据《合同法》规定，作为可撤销的合同中的受害人贾某，有权向法院起诉主张撤销该买卖合同，法院应当作出撤销该买卖合同的判决。

第五章参考答案

一、名词解释

1. 不正当竞争：不正当竞争是指经营者违反法律、法规的规定，损害其他经营者和消费者的合法权益，扰乱社会经济秩序的行为。

2. 商业贿赂：商业贿赂指经营者在市场交易活动中，为争取交易机会，特别是为争得相对于竞争对手的市场优势，通过秘密给付财物或其他报偿等不正当手段收买客户的负责人、雇员、合伙人、代理人和政府有关部门工作人员等能够影响市场交易的有关人员的行为。

3. 回扣：回扣是指在市场交易过程中，经营者一方从交易所得的价款中提取一定比例的现金或额外以定额的酬金支付给对方单位或个人的金钱或有价证券。

4. 商业秘密：商业秘密是指不为公众所知悉、能为权利人带来经济利益、具有实用性并以权利人采取保密措施的技术信息和经营信息。

5. 搭售：搭售指经营者利用其经济优势，违背购买者的意愿，在销售一种商品或提供一种服务时，要求消费者以购买另一种商品或接受另一种服务为条件，或者就商品或服务的价格、销售对象、销售地区等附加不合理的条件。

6. 产品质量：产品质量是指国家有关的法律、法规、质量标准以及合同约定的对产品适用、安全和其他特性的要求。它既包括产品的结构、性能、精度、纯度、机械物理性能和化学性能等内在的质量，也包括形状、色彩、光泽、手感、音响等外观方面的质量。

7. 企业质量体系认证制度：企业质量体系认证制度指国务院产品质量监督管理部门或者由它授权的部门认可的认证机构，依据国际通用的“质量管理和质量保证”系列标准，对企业的质量体系和质量保证能力进行审核合格，颁发企业质量体系认证证书以兹证明的制度。

8. 生产许可证：生产许可证指国家对于具备生产条件并对其产品检验合格的工业企业，发给许可其生产该项产品的凭证。

9. 消费者：消费者指为满足个人生活消费需要而购买、使用商品或者接受服务的自然人。

10. 知悉真情权：知悉真情权又称获取信息权、了解权、知情权，即消费者享有知悉其购买、使用的商品或者接受的服务的真实情况的权利。

11. 公平交易权：公平交易权是指消费者在购买商品或接受服务时，有权获得质量保障，价格合理，计量正确等公平交易条件，有权拒绝经营者的强制交易行为。

二、单项选择题

1. B　2. C　3. A　4. D　5. D　6. B　7. C　8. A　9. C　10. D
11. B　12. B　13. B　14. B　15. C　16. D　17. D　18. B　19. B

三、多项选择题

1. A D　2. B C D　3. B D　4. A C D
5. A B C　6. A B C D　7. A B C D　8. A B C D
9. B C D　10. A B C D　11. A C D　12. C D
13. A C　14. C D

四、判断题

1. √　2. √　3. ×　4. √　5. ×　6. ×　7. √　8. ×　9. √
10. ×　11. ×　12. √　13. ×　14. √　15. ×　16. ×　17. √　18. ×

五、简答题

1. 答：不正当竞争行为包括欺骗性交易行为、商业贿赂行为、虚假宣传行为、侵犯商业秘密、不正当的销售行为（倾销、搭售、不正当的有奖销售）、诋毁商誉、串通招标投标、滥用行政权力限制竞争行为。

2. 答：(1) 生产者不得生产国家明令淘汰的产品；

(2) 生产者不得伪造产地，不得伪造或者冒用他人的厂名、厂址；

(3) 生产者不得伪造或者冒用认证标志、名优标志等质量标志；

(4) 生产者生产产品，不得掺杂、掺假，不得以假充真，以次充好，不得以不合格产品冒充合格产品。

3. 答：(1) 销售者应当执行进货检查验收制度，验明产品合格证明和其他标识，如产品合格证、生产日期、认证标志等是否齐备。进货检查验收制度是销售者销售合格产品的前提条件，也是区分生产者和销售者责任的依据。

(2) 销售者应当采取措施，保持销售产品的质量。如果进货时产品符合质量要求，但销售时的产品出现缺陷，销售者就要承担相应的责任。

(3) 销售者销售产品的标识应当符合生产者产品或其包装上标识的要求；

(4) 销售者不得违反禁止性、限制性规定，即：销售者不得销售国家明令淘汰并停止销售的产品和失效、变质的产品；不得伪造产地，不得伪造或者冒用他人的厂名、厂址；不得伪造或者冒用认证标志、名优标志等质量标志；不得掺杂、掺假，不得以假充真，以次充好，不得以不合格产品冒充合格产品。

4. 答：企业根据自愿原则可以向国务院产品质量监督管理部门或者国务院产品质量监督管理部门授权的部门认可的认证机构申请产品质量认证。经认证合格的，由认证机构颁发产品质量认证证书，准许企业在产品或者包装上使用产品质量认证标志。产品质量认证，分为安全认证和合格认证。

企业质量体系认证制度，是指国务院产品质量监督管理部门或者由它授权的部门认可的认证机构，依据国际通用的“质量管理和质量保证”系列标准，对企业的质量体系和质量保证能力进行审核合格，颁发企业质量体系认证证书以兹证明的制度。

5. 答：消费者的权利包括：保障安全权、知悉真情权、自主选择权、公平交易权、获得赔偿权、依法结社权、获得知识权、维护尊严权、批评监督权。

6. 答：经营者的义务包括：依法定或约定履行义务；听取意见和接受监督的义务；保障人身和财产安全的义务；提供真实信息的义务；出具购货凭证和服务单据的义务；保证商品和服务质量的义务；禁止从事不公平、不合理交易的义务；尊重消费者人格尊严和人身自由的义务。

7. 答：依照我国《消费者权益保护法》的有关规定，追究刑事责任的情况主要包括以下几种：(1) 经营者提供的商品或者服务，造成消费者或者其他受害人人身伤害或导致受害人死亡的，除必须承担的民事赔偿责任外，构成犯罪的，依法追究刑事责任；(2) 以暴力、威胁等方法阻碍有关行政部门工作人员依法执行职务的，依法追究刑事责任；拒绝、阻碍有关行政部门工作人员依法执行职务，未使用暴力、威胁方法的，由公安机关依照《治安管理处罚条例》的规定处罚；(3) 国家机关工作人员有玩忽职守或者包庇经营者侵害消费者合法权益的行为的，由其所在单位或者上级机关给予行政处分；情节严重，构成犯罪的，依法追究刑事责任。

六、案例分析

第 1 题

1. 根据法律规定，经营者不得利用广告或其他方法，对商品的质量、制作成分、性能、用途、生产者、有效期、产地等作引人误解的虚假宣传。经营者不得捏造、散布虚伪事实，损害竞争对手的商业信誉、商品声誉。因此，甲厂的行为既是一种引人误解的不正当竞争行为，同时也是一种诋毁他人商誉的不正当竞争行为。

2. 根据法律规定，经营者利用广告或者其他方法，对商品作虚假宣传，监督检查部门应当责令停止违法行为、消除影响，可以根据情节处以 1 万元以上 20 万元以下的罚款。工商行政管理机关依据上述规定，应责令甲厂停止播放和刊登广告，通过电视台和报纸说明事实真相，向乙厂声明道歉，并可在法定幅度内处以罚款。

3. 经营者违反法律规定，给被侵害者造成损害的，应当承担赔偿责任，被侵害者的损失难以计算的，赔偿额为侵权人在侵权期间因侵权所获得的利润，并应当承担被侵害者因调查该经营者侵害其合法权益的不正当竞争行为所支付的合理费用。依据上述规定，乙厂的近 10 万元损失可以要求甲厂赔偿。

第 2 题

根据我国《产品质量法》规定，生产者应当对其生产的产品质量负责。本案中，电子仪器厂 N 制造的电视机保护器，按其产品说明，安装该产品能防雷，且该产品性能可靠。事实上恰恰相反，该产品不仅不防雷，而且造成了电视机的整套集成电路的损坏。这说明，该产品的质量根本不符合产品说明书中表明的质量标准，质量上存在严重的缺陷，所造成消费者的损失，厂家有不可推卸的责任。我国《产品质量法》第三十一条规定："因产品存在缺陷致使人身、他人财产损害的，受害人可以向产品的生产者要求赔偿，也可以向产品的销售者要求赔偿。属于产品生产者的责任，产品的销售者赔偿的，产品的销售者有权向产品的生产者追偿。属于产品销售者的责任，产品的生产者赔偿的，产品的生产者有权向产品的销售者追偿。"根据这一规定，消费者可以依据法律要求销售者赔偿损失，也可直接要求有责任的生产厂家赔偿损失。

第 3 题

《产品质量法》对特殊产品的包装作了两项规定，一是包装必须符合国家法律、法规、规章、合同标准或者规范性文件规定的包装要求；二是要用警示标志或中文警示说明的方式来标明储运的注意事项。这个规定的目的是通过对特殊产品的严格的包装要求来保证人身、财产安全，并防止产品损坏。

本案的经济损失是由于包装箱上无不能倒置的警示标志或中文引起的。空调专卖商场 X 订制专用包装箱，在设计上是有警示说明的，但当纸箱厂送来漏印警示说明的不合格产品时，商场 X 未经检查，就匆忙使用，商场 X 对本案的发生负有不可推卸的责任。而纸箱厂作为专业印刷厂家，漏印警示说明，导致纸箱不合格便出厂使用，因而对本案的发生也负有直接的责任。鉴于上述情况，空调专卖商场 X 与纸箱厂应共同承担工艺品商店 M 的经济损失。

第 4 题

人民法院受理此案后，经过认真审理，查明：石某眼睛受伤确系因啤酒质量不合格所致，而啤酒又是该商品批发店出售的，因此，石某的受伤与啤酒质量瑕疵有因果关系；石某在搬运过程中并没有过错；石某有受损害之事实。人民法院根据《中华人民共和国民法通则》第一百二十二条、《产品质量法》第三十条、第三十一条、《消费者权益保护法》第四十一条之规定作出以下判决：（1）商品批发店承担民事赔偿责任，赔偿原告石某医疗费、生活补助费、误工补贴费、致人伤残费用共6000元；（2）本案判决自生效之日起10天内履行完毕，诉讼费用由被告商品批发店承担。

第5题

1. 该产品存在产品名称与实际性能不符的问题，即名为“多功能食品加工机”，但实际上只有一种功能，产品的实际质量状况完全不符合产品名称表明的质量状况。该产品的出卖系经营者隐瞒产品真实信息作虚假宣传，导致消费者甲误解并购买的欺诈行为，直接违反了我国《反不正当竞争法》、《产品质量法》和《消费者权益保护法》相关规定，侵害了消费者甲依法享有的知悉真情权和公平交易，同时也损害了其他经营者的合法权益，扰乱了正常的市场秩序。

2. 商场、生产厂家都应对该产品负责，应由商场先行按照消费者甲的要求给予退货，然后商场可以向生产厂家追偿损失。

这里应注意的是，消费者甲及其他人并未因该产品所存在的瑕疵受到人身、财产的损害（这里财产损害不应包括往返车费），所以适用由销售者（商场）先行赔付的原则。如因该产品缺陷致使甲或其他人受到人身、财产损害，则应适用连带赔付的原则，即消费者可在销售者（商场）和生产者（厂家）中选择其一要求赔偿损失。

3. 作为消费者，甲的权利可分两方面的内容：（1）甲享有对产品的知悉真情权和公平交易权，即甲依据我国《消费者权益保护法》享有的知悉其欲购买的“多功能食品加工机”的用途、性能等真实情况的权利以及依此自主作出选择购买的权利。由于经营者提供虚假产品信息，并且未对产品性能作出明确说明，使甲基于误解而购买，故经营者侵犯了甲享有的上述权利。（2）甲的合法权益受到侵害后享有要求商场退货和赔偿损失的权利。

本案例中，厂家对其所提供的产品存在欺诈行为，主观上具有欺诈的故意，致使消费者甲因欺诈发生误解陷入认识上的错误。依据上述规定，消费者甲不仅有权退货，而且有权依上述规定要求商场给予赔偿损失。甲向商场提出退货被商场拒绝，商场的做法违反了《产品质量法》和《消费者权益保护法》规定的销售者义务，甲可请求消费者协会调解，也可请求产品质量监督部门或者工商行政管理部门责令商场改正、处以罚款，也可直接向人民法院提起诉讼（因未和商场达成仲裁协议不能申请仲裁）。

第6题

酒店应当承担赔偿责任。从本案来看，肖某接受新郎李某的宴请，到某花园大酒店去喝酒，事实上就与该酒店形成了一种服务合同关系。因此该酒店作为服务一方的经营者就应当保证其提供的各种服务（不管是有偿还是无偿）都是有利于消费者，而不能危害消费者的人身或财产的安全，否则就得承担赔偿责任。另外酒水含有瑕疵（酒水中有铁丝），从而造成本案肖某的损害，酒水的生产厂家有过错，同样也要承担损害赔偿责任。尽管该酒店对酒水存在瑕疵没有过错，而且是免费使用，但这免费的酒水是属于酒店所提供服务的一部分，因此酒店作为服务的经营者就应当为此承担赔偿责任，而不能以免费提供服务为由拒绝赔偿。作为消费者肖某来讲，他有权按照自己的意愿选择索赔对象，既然肖某选择酒店赔偿，酒店就得承担赔偿责任。当然，该酒店在对肖某作出赔偿后，依照过错责任原则可向酒水的生产厂家进行索赔，但这属于另一民事法律关系，酒店不能据此推卸责任。

第7题

根据《消费者权益保护法》的规定，只要是商品，而且在社会上流通了，生产者和经营者就得对其生产和出售的商品质量担保负责，而不能以种种借口搪塞、逃避责任。附赠商品也是商品，既然是商品，那么商品的生产和销售就应该符合规定，当其质量不合格时应当承担“三包”责任。若其对消费者的人身、财产造成损害，必须对其承担赔偿责任。因此，本案中商家的说法是不成立的，其应当保证赠品的质量，案中李先生所购手机附赠的电池不合格，那么商家应予以修理或更换，不能推脱。

第六章参考答案

一、名词解释

1. 知识产权：知识产权也称为智力成果权、精神财产权或者智慧财产权，是指在自然人、法人或其他组织对其在科学、技术、文学、艺术等领域从事智力劳动所创造的智力成果依法所享有的专有权。

2. 职务发明创造：职务发明创造是指职工在执行本单位的任务或者主要是利用本单位的物质技术条件所完成的发明创造。

3. 专利强制许可：专利强制许可是指为了国家利益或公共利益，国家专利机关不经专利权人的同意，通过行政程序直接允许有关申请人实施专利权人的发明或者实用新型专利，但申请人应向专利权人支付使用费。

4. 商标：商标是商品的生产者、经营者或者服务项目的提供者为了使自己生产经营的商品或者提供的服务项目同他人生产经营的商品或者提供的服务项目相区别而采用的一种标志。

5. 商标强制注册：商标强制注册是指商标使用人应当依法在其生产或者

经营的商品上使用注册商标，未注册商标的商品禁止在市场上销售。

6. 注册商标专用权：注册商标专用权是指商标专用权人在核定的商品上独自享有使用核准注册商标的权利。

7. 著作权：著作权是指文学、艺术和科学作品的著作权人依法对某作品所享有的权利。在我国的法律上，著作权与版权系同义词。

8. 著作权许可使用合同：著作权许可使用合同是指著作权许可方与被许可方依法达成的、由著作权许可方许可被许可方使用其作品、被许可方向许可方支付报酬的协议。

二、填空题

1. 地域性　时间性　独占性

2. 实质性　创造性

3. 发明　实用新型　外观设计

4. 新颖性　实用性

5. 国务院有关主管部门　书面　登记

6. 赔偿数额

7. 普通商标　著名商标　驰名商标

8.《巴黎公约》　6　第一次

9. 形式　实质

10. 核准注册　核定使用

11. 作者

12. 初步　3

三、单项选择题

1. B　2. C　3. B　4. A　5. C　6. B　7. B　8. D　9. C

10. D　11. C　12. C　13. B　14. A　15. D　16. C

四、多项选择题

1. A B D　2. A C　3. A C D　4. A B C D

5. A B D　6. A B C D　7. A B D　8. A C D

9. A B C　10. C D　11. A B C D　12. A B C D

五、判断题

1. ×　2. ×　3. ×　4. ×　5. √　6. ×　7. √　8. ×

9. √　10. ×　11. ×　12. √

六、简答题

1. 答：对专利申请处理决定不服的救济程序：

（1）对驳回专利申请的决定不服的，专利申请人可以自收到通知之日起三个月内，向专利复审委员会请求复审。专利申请人对专利复审委员会的复审决定不服的，可以自收到通知之日起三个月内向人民法院起诉。

（2）对专利权授予有异议的，自公告授予专利权之日起，申请人可以请求专利复审委员会宣告该专利权无效。对专利复审委员会宣告专利权无效或者维持专利权的决定不服的，可以自收到通知之日起三个月内向人民法院起诉。

2. 答：我国《专利法》在专利权的限制方面主要有：

（1）专利权保护的范围限制。对于发明和实用新型专利权的保护范围，《专利法》确立了以专利权利要求书所记载的各项必要技术特征为限的原则；对于外观设计专利权的保护范围，《专利法》规定以表示在图片或者照片中的该外观设计专利产品为准。

（2）专利权保护的时间限制。《专利法》规定，发明专利权的期限是20年，实用新型和外观设计专利权的期限是10年，均自申请日起计算。

（3）专利权保护的地域限制。依照一国专利法所获得的专利，只有在该国法律保护的范围内才享有专有权。除缔结或参加的国际条约另有规定外，专利权没有域外效力。

（5）专利权的许可限制。对专利权的许可限制主要体现在强制许可方面。

（4）专利权或专利申请权的转让限制。专利权主体在享有对专利申请权和专利权的转让，但必须办理法定手续。

3. 答：当事人在转让注册商标权时应注意：

（1）转让人和受让人应当签订转让协议，并共同向商标局提出申请。（2）受让人应当保证使用该注册商标的商品质量。（3）转让注册商标经核准后，予以公告。受让人自公告之日起享有商标专用权。（4）注册商标的转让不影响转让前已经生效的商标使用许可合同的效力，但商标使用许可合同另有约定的除外。

4. 答：我国《商标法》建立了符合《TRIPS 协议》的驰名商标特别法律保护制度。主要体现在：

（1）对未注册的驰名商标的特别保护。我国《商标法》规定："就相同或类似商品申请注册的商标是复制、模仿或者翻译他人未在中国注册的驰名商标，容易导致混淆的，不予注册并禁止使用"。

（2）对注册的驰名商标的特别保护。我国《商标法》规定："就不相同或者不类似商品申请注册的商标是复制、模仿或者翻译他人已经在中国注册的驰名商标，误导公众，致使该驰名商标注册人的利益可能受到损害的，不予注册并禁止使用。”

（3）对驰名商标所有人行使撤销权的特别保护。如果他人是非恶意注册的，商标利害关系人的撤销权受五年的限制；如果是恶意注册的，其撤销权不受时间的限制。

同时，我国还对驰名商标给予其他特别保护：如他人不得将驰名商标作为企业名称或者企业名称的一部分，不得以任何方式将与驰名商标相同或者近似的文字（含译文）、图形作为商品名称或者商品装潢和作为商业网络域名等使用。

5. 答：著作权许可使用合同的内容，由当事人协商订立。一般情况下，其许可使用合同应包括下列主要内容：（1）许可使用作品的名称；（2）许可使用的权利种类即著作财产权中具体权利；（3）许可使用的权利是专有使用权或者非专有使用权；（4）许可使用的地域范围、期间；（5）付酬标准和办法；（6）违约责任；（7）双方认为需要约定的其他内容。

6. 答：著作权纠纷中的抗辩理由主要有：

（1）被告所诉的作品属于不受《著作权法》保护的作品或者不适用于《著作权法》的规定。

（2）被告使用的是自己独创的相同或相似作品。因为著作权的取得方式决定著作权的效力不能排斥他人独立完成的相同作品的著作权。

（3）原告对著作财产权的请求有超过《著作权法》保护期限的。

（4）被告的行为属于《著作权法》规定的法定许可或者合理使用情形之一的。

（5）被告是依据著作权许可使用合同或著作权转让合同所实施的行为。

（6）超过诉讼时效的。侵犯著作权的诉讼时效为 2 年，自原告知道或者应当知道侵权行为之日起计算。超过诉讼时效的，法院对原告的诉讼请求不予支持。

七、案例分析

第 1 题

本案中，研究所的观点是正确的。理由是：红叶公司与研究所签订的委托开发合同中未约定研发完成的发明创造的专利申请权（即申请专利的权利）归谁享有。依据我国《专利法》规定，两个以上单位或者个人合作完成的发明创造、一个单位或者个人接受其他单位或者个人委托所完成的发明创造，除另有协议的以外，申请专利的权利属于完成或者共同完成的单位或者个人；

申请被批准后，申请的单位或者个人为专利权人。所以，本案中的专利申请权不属于红叶公司，而属于完成科研的研究所。俞教授等三人认为根据研究所内部的研发承包合同约定专利申请权应归属于他们，这是错误的。因为，俞教授等三人是研究所的工作人员，本发明创造属于职务发明创造。依据《专利法》的规定，职务发明创造申请专利的权利属于该单位；申请被批准后，该单位为专利权人。研究所与俞教授等三人所签订的研发承包合同依法可确认为无效合同。

第 2 题

被告的行为构成了侵权。理由是根据我国《商标法》第三条规定：“经商标局核准注册的商标为注册商标，商标注册人享有商标专用权，受法律保护。”注册商标专用权，即商标专用权人在核定的商品上独自享有使用核准注册商标的权利。因注册商标专用权，产生了注册商标使用许可权。法律规定，未经注册商标专用权人许可，他人不得使用注册商标。本案中，原告依法享有注册商标专用权，而本案的被告未经原告的授权，许可第三人使用原告的注册商标，构成侵权行为，依法应承担相应的法律责任。

第 3 题

被告的抗辩理由成立。因为，原告成都福兰德公司的注册商标有不符合《商标法》规定之处。我国《商标法》规定：“注册商标不得采用的下列标志是：仅有本商品的通用名称、图形、型号的。”本案中，原告向国家商标局申请注册的商标“PDA”，是其被核准使用商品即电子记事簿类产品的通用名称，违反了《商标法》规定的禁止注册情形。作为对原告的抗辩理由，被告有权向商标管理机关申请裁定原告注册商标无效，从而免除原告在诉讼中所追究的法律责任。

第 4 题

在本案中，被告的行为侵犯原告的著作权网络传播权。互联网络可以在不改变作品的形式和内容，将作品在计算机网络上进行数字化传播，从而使得公众在自己选定的时间和地点获得该作品。著作权中的传播权，是指著作权人享有通过无线电波、有线电视系统和互联网系统传播作品的权利。在网络上使用他人作品，使用者应征得著作权人的许可。要本案中，被告作为网络内容服务提供商，其在国际互联网上对原告的作品进行传播，是一种未经原告即著作权人许可的侵权行为。同时，其行为也客观上造成原告作品的一部分读者的免费使用，减少了原告经济收益。所以，被告还应承担赔偿责任。

第七章参考答案

一、名词解释

1. 金融：金融即指货币资金的融通。金融以货币为对象，广泛存在于商品经济条件下的社会生活中，如货币的发行和流通，存款的吸收与支付，贷款的发放与收回，票据的承兑与贴现，金银和外汇的买卖，股票、债券的发行与交易，金融信托、金融租赁、保险等活动均属于金融的范畴。

2. 金融法：金融法是调整金融关系的法律总称。作为金融法调整对象的金融关系，即货币融通和信用活动中所发生的社会关系，包括金融交易关系、金融调控关系和金融监管关系。广义的金融法是指金融业法，包括银行业法、票据法、证券法、保险法等。

3. 中央银行：中央银行在银行体系中居于主导地位，是国家控制与调节货币流通和信用的中心机构。中国人民银行是中华人民共和国的中央银行。中国人民银行在国务院领导下，制定和执行货币政策，防范和化解金融风险，维护金融稳定。

4. 商业银行：商业银行是以盈利为目的，通过吸收存款、发放贷款、办理结算等主要业务的金融机构。与政策性银行不同的是，商业银行以追求利润最大化为目标，贯彻执行自主经营、自担风险、自负盈亏，自我约束的原则。

5. 票据法：票据法是调整票据关系的法律规范的总称。票据法以票据关系为调整对象，票据关系是主体之间因收受票据而发生的财产关系。

6. 本票：本票是出票人签发的，承诺自己在见票时无条件支付确定金额给收款人或持票人的票据。我国票据法所称的本票是指银行本票。本票只有两个基本当事人，即出票人和收款人，本票的出票人就是付款人。

7. 证券交易所：证券交易所是为证券集中交易提供场所和设施，组织和监督证券交易，实行自律管理的法人。证券交易所的设立和解散，由国务院决定。

8. 期货交易：期货交易是指证券交易双方在签订的证券期货合约中约定，在规定的日期以约定的价格，进行清算交割的证券交易方式，与证券现货交易相比，证券期货交易容易诱发市场过度投机，增加市场的不稳定因素，不利于证券主管机关的监管。我国目前除国债期货交易被依法暂停外，其他上市证券的交易均不允许以期货交易的方式进行。

9. 操纵市场：操纵市场是指单位或者个人以获取利润或者以减少损失为目的，利用其资金、信息等优势或者滥用职权操纵市场，影响证券市场价格，制造证券市场假象，诱导或者导致投资者在不了解事实真相的情况下作出证券投资的行为。

10. 虚假陈述：虚假陈述是指单位和个人对证券发行、交易及其相关活动的事实、性质、前景、法律等事项作出不实、严重误导或者含有重大遗漏的任何形式的虚假陈述或者诱导，致使投资者在不了解事实真相的情况下作出证券投资者决策的行为。

二、填空题

1. 国务院
2. 存款自愿　取款自由　存款有息　为存款人保密
3. 国家开发银行　中国农业复兴银行　中国进出口银行
4. 中国工商银行　中国建设银行　中国农业银行　中国银行
5. 前手　后手
6. 汇票
7. 空头　远期支票
8. 30%
9. 中国证监会
10. 集中竞价

三、单项选择题

1. A　2. C　3. A　4. C　5. B　6. C　7. A　8. C　9. C　10. C
11. C　12. C　13. B　14. C　15. B　16. D　17. B　18. B

四、多项选择题

1. B C　2. A B C D　3. A B C D　4. A B C
5. A B C　6. A B D　7. A B C D　8. A B C D
9. B C D　10. A B C D　11. A B　12. B C
13. A B C　14. A B D　15. B C D　16. A B C D
17. A B D

五、判断题

1. ×　2. ×　3. √　4. √　5. √　6. ×　7. √　8. ×　9. ×　10. √

六、简答题

1. 答：中国人民银行的基本职责包括：发布与履行其职责有关的命令和规章；依法制定和执行货币政策；发行人民币，管理人民币流通；监督管理银行间同业拆借市场和银行间债券市场；实施外汇管理，监督管理银行间外汇市场；监督管理黄金市场；持有、管理、经营国家外汇储蓄、黄金储蓄；经理国库；维护支付、清算系统的正常运行；指导、部署金融业反洗钱工作，负责反洗钱的资金监测；负责金融业的统计、调查、分析和预测；作为国家的中央银行，从事有关的国际金融活动；国务院规定的其他职责；为执行货币政策而从事法定金融业务活动。

2. 答：我国商业银行贷款业务规则主要有：商业银行根据国民经济和社会发展的需要，在国家政策指导下开展贷款业务；商业银行贷款，应当对借款人的借款用途、偿还能力、还款方式等情况进行严格审查；商业银行贷款，借款人应当提供担保；商业银行贷款，应当与借款人订立书面合同，合同应当约定贷款种类、用途、金额、利率、还款期限、还款方式、违约责任和双方认为需要约定的其他事项；商业银行应当按照中国人民银行规定的贷款利率的上下限、确定贷款利率；商业银行贷款，应当遵循《商业银行法》对资产负债比例管理的规定；商业银行不得向关系人发放信用贷款；向关系人发放担保贷款的条件不得优于其他借款人同类贷款的条件；任何单位和个人不得强令商业银行发放贷款或者提供担保；借款人应当按期归还贷款的本金和利息。

3. 答：政策性银行是政府设立的，专门从事政策性货币信用业务，不以盈利为目的的金融机构。建立政策性银行的目的是为了实现政策性金融与商业性金融的分离，以解决国有专业银行身兼二职的问题。政策性银行坚持自担风险、保本经营、不与商业银行竞争的原则。

4. 答：根据《中国人民银行法》的有关规定，违反《中国人民银行法》的行为主要有：(1) 伪造人民币，出售伪造的人民币或者明知是伪造的人民币而运输的；(2) 变造人民币，出售变造的人民币或者明知是变造的人民币而运输的；(3) 购买伪造、变造的人民币或者明知是伪造、变造的人民币而持有、使用的；(4) 在宣传品、出版物或者其他商品上非法使用人民币图样；(5) 印制、发售代币票券，以代替人民币在市场上流通的；(6) 违反法律、行政法规有关金融监督管理规定；(7) 中国人民银行有违反有关业务规定行为的；(8) 地方政府、各级政府部门、社会团体和个人强令中国人民银行及其工作人员违反有关规定提供贷款或者担保的；(9) 中国人民银行的工作人员泄露国家秘密的；(10) 中国人民银行的工作人员贪污受贿、徇私舞弊、滥用职权、玩忽职守的。

5. 答：票据是出票人依法签发的，约定自己或委托付款人在见票时，或以指定的日期向收款人或持票人无条件支付金额并可转让的有价证券。

现代市场经济条件下，票据具有以下主要作用：

支付功能。代替现金起支付手段的作用，特别是在异地支付方面，票据可以克服空间距离带来的不便。

信用功能。经济交往要延期付款的，可以使用远期票据，票据在到期前可以背书或贴现方式流通，这就使票据担当了信用工具的作用。

结算功能。互有债务的当事人可用票据互相抵消债务，这里体现了票据的结算功能。

汇兑功能。票据的使用首先在于解决现金支付在空间上的障碍，这是票据最基本的功能。由于商品交易常在异地或国际贸易中进行，携带现金不便且有很大风险，同时也存在因货币种类不同而产生的兑换及国际间货币流通的限制等问题。

6. 答：操纵市场是指单位或者个人以获取利润或者以减少损失为目的，利用其资金、信息等优势或者滥用职权操纵市场，影响证券市场价格，制造证券市场假象，诱导或者导致投资者在不了解事实真相的情况下作出证券投资的行为。

操纵市场的行为包括：通过单独或者合谋，集中资金优势、持股优势联合或者连续买卖证券，操纵证券交易价格；与他人串通，以事先约定的时间、价格和方式相互进行证券或者相互买卖并不持有的证券，影响证券交易价格或者证券交易量，诱使他人购买或者卖出自己持有的券种；以其他方法操纵证券交易价格。

7. 答：欺诈客户的法律责任主要有：证券公司违背客户的委托买卖证券，办理交易事项，以及其他违背客户真实意思表示，办理交易以外的其他事项，给客户造成损失的，依法承担赔偿责任，并处予 1 万元以上 10 万元以下的罚款；证券公司证券登记结算机构挪用客户的资金或者证券，或者未经客户的委托，擅自为客户买卖证券的，责令改正，没收违法所得，并处予违法所得 1 倍以上 5 倍以下的罚款；对直接负责的主管人员和其他直接责任人给予警告，撤销任职资格或者证券从业资格，并处予 3 万元以上 30 万元以下的罚款。

8. 答：内幕交易是指单位和个人以获取利益或减少损失为目的，利用内幕信息进行证券发行交易的行为，包括内幕人员自己利用内幕信息、向他人泄露信息或者非信息内幕人员利用不正当手段获得内幕信息而从事证券交易等行为。

内幕人员一般包括：（1）发行人的董事、监事、高级管理人员；（2）持有公司 5% 以上的股份及其股东、监事、高级管理人员，公司的实际控制人及其董事、监事、高级管理人员；（3）发行人控股的公司及其董事、监事、高级管理人员；（4）由于所任公司职务可以获取公司有关内幕信息的人员；（5）证券监督管理机构工作人员以及由于法定职责对证券的发行、交易进行管理的其他人员；（6）保荐人、承销的证券公司、证券交易所、证券登记结算机构、证券服务机构的有关人员；（7）国务院证券监督管理机构规定的其他人。

七、案例分析

第1题

本案中，复兴银行领导及工作人员违反了《商业银行法》的下述规定：(1) 商业银行办理存款业务应遵循“存款自愿”的原则，不能利用相互利益关系，违法揽储；(2) 复兴银行送给光明实业公司总经理王有才1万元“辛苦费”，是一种商业贿赂行为；(3) 复兴银行违反了不许“公款私存”的原则，以王个人名义非法存入公司流动资金50万元；(4) 复兴银行动用公款购光明实业公司的股票100万股，违反了商业银行禁止股票买卖业务的法律规定。对银行和公司的违法行为，应立即纠正。对责任人员处于罚款，对触犯法律的依法追究刑事责任。

第2题

电器公司甲与商贸公司乙签订的微波炉购销合同合法有效。银行汇票的签发符合《中华人民共和国票据法》规定的要件，是一张有效的票据，甲公司合法取得该票据，是正当持票人依法享有要求银行解付的权利。银行对于有效的汇票，应无条件付款，不能以原经济合同产生纠纷为由拒付票款，法院应判决B银行支付电器公司甲人民币20万元。

第3题

家具销售公司签发的汇票符合《票据法》的规定，票据有效。该汇票由清华沙发厂背书转让给皮革厂，皮革厂又背书转让给畜牧场，背书符合法定要式，且背书连续。畜牧场为最后被背书人，合法持有票据，享有票据权利，在票据到期日提示付款遭退票后，有权向票据债务人追索，因此判决出票人家具销售公司、背书人清华沙发厂和皮革厂对票据承担连带清偿责任。

第4题

王某的行为侵犯了乙证券公司的财产权，应负侵权责任。证券公司内部管理不严，使被告得以透支，在发现后未及时采取有效措施制止王某继续透支，也应承担一定责任。故法院判决王某返还乙证券公司12万元，并赔偿经济损失1万元。

第5题

根据《禁止证券欺诈行为暂行办法》，证券公司以多获取佣金为目的，诱导客户进行不必要的证券买卖，或者在客户的账户上翻炒证券的，属欺诈客户行为。法院经审查情况属实，故判决证券公司返还王某多收取的佣金，并对证券公司处以罚款10万元。

第八章参考答案

一、名词解释

1. 会计法：会计法是调整会计机构、会计人员在办理会计事务过程中，以及国家管理会计工作过程中所产生的会计关系的法律规范的总称。

2. 记账本位币：记账本位币是指日常登记账簿和编制财务会计报告用以计量的货币，也就是单位进行会计核算业务时所使用的货币。

3. 回避制度：回避制度是指为了保证执法或者执业的公正性，对可能影响其公正性的执法或者执业的人员实行职务回避和业务回避的一种制度。

4. 财务会计报告：财务会计报告是指单位对外提供的反映单位某一特定日期财务状况和某一会计期间经营成果、现金流量的文件。

5. 原始凭证：原始凭证是指具有一定格式，用以记录经济业务事项发生和完成情况的书面证明。

二、单项选择题

1. A　2. C　3. A　4. A　5. D　6. A　7. A　8. D　9. B　10. D
11. C　12. A　13. D　14. A　15. D　16. B　17. D　18. D　19. B　20. B

三、多项选择题

1. A B C　2. A B D　3. B C　4. A B C
5. A B C　6. A B　7. A B C D　8. A B C D
9. A B D　10. A B C　11. A B C D　12. A B C D
13. A B　14. A B C D　15. A B C D　16. A B C D
17 . B C　18. A B C D

四、判断题

1. ×　2. √　3. √　4. √　5. ×　6. √　7. ×　8. ×　9. √
10. ×　11. √　12. √　13. ×　14. √　15. √

五、简答题

1. 答：第一，国家机关、社会团体、公司、企业、事业单位和其他组织，都应当按照《会计法》的规定设置会计账簿，进行会计核算。第二，设置会计账簿的种类和具体要求，应当符合《会计法》和国家统一的会计制度的规定。第三，各单位发生的各项经济业务事项应当统一进行会计核算，不得违反规定私设会计账簿进行登记、核算。

2. 答：单位负责人是指法定代表人或者法律、行政法规规定代表单位行使职权的主要负责人。单位负责人负责单位内部的会计工作管理，应当保证会计机构、会计人员依法履行职责，不得授意、指使、强令会计机构、会计人员违法办理会计事项。由于单位负责人是单位的最高管理者，必须对本单位的一切经营管理和业务活动负有责任，当然也必须对会计工作和会计资料的真实性、完整性负有责任。《会计法》第四条规定："单位负责人对本单位的会计工作和会计资料的真实性、完整性负责"。这一规定明确了单位负责人是本单位会计行为的责任主体。

3. 答：违反会计制度规定应当承担法律责任的行为包括：

（1）依法设置会计账簿的行为；

（2）私设会计账簿的行为；

（3）未按照规定填制、取得原始凭证或者填制、取得的原始凭证不符合规定的行为；

（4）以未经审核的会计凭证为依据登记会计账簿或者登记会计账簿不符合规定的行为；

（5）随意变更会计处理方法的行为；

（6）向不同的会计资料使用者提供的财务会计报告编制依据不一致的行为；

（7）未按照规定使用会计记录文字或者记账本位币的行为；

（8）未按照规定保管会计资料，致使会计资料毁损、灭失的行为；

（9）未按照规定建立并实施单位内部会计监督制度，或者拒绝依法实施的监督，或者不如实提供有关会计资料及有关情况的行为；

（10）任用会计人员不符合《会计法》规定的行为。

4. 答：根据《会计法》的规定，单位负责人对依法履行职责、抵制违反《会计法》规定行为的会计人员以降级、撤职、调离工作岗位、解聘或者开除等方式实行打击报复，构成犯罪的，依法追究刑事责任；尚不构成犯罪的，由其所在单位或者有关单位依法给予行政处分。对受打击报复会计人员，应当恢复其名誉和原有职务、级别。根据《刑法》第二百五十五条规定，公司、企业、事业单位、机关、团体的领导人对依法履行职责、抵制违反《会计法》规定行为的会计人员实行打击报复，情节恶劣的，构成打击报复会计人员罪。根据《刑法》规定，对犯打击报复会计人员罪的，处三年以下有期徒刑或者拘役。

六、案例分析

第1题

1. 会计人员张某的做法不正确。理由是：根据《会计基础工作规范》的规定，一张原始凭证所列的支出需要由两个以上的单位共同负担时，应当由保存该原始凭证的单位开具原始凭证分割单给其他应负担的单位，而不是给复制件。

2. 会计人员李某的观点不正确。理由是：根据《会计基础工作规范》的规定，保管期满但未结清的债权债务原始凭证，不得销毁。

第2题

1. 中外合资经营企业无权拒绝财政部门对其会计工作的监督检查。根据我国会计法律制度的规定，县级以上人民政府财政部门为各单位会计工作的监督检查部门，对各单位会计工作行使监督权。

2. 该公司由出纳员临时保管会计档案的做法不符合会计法律制度规定。根据《会计基础工作规范》和有关制度规定，出纳人员不得兼管稽核、会计档案保管和收入、费用、债权债务账目的登记工作。

3. 公司经办人员更改凭证金额的做法不符合法律规定。根据《会计基础工作规范》规定，原始凭证金额有错误的，应当由出具单位重开，不得在原始凭证上更正。

4. 该公司任命王某担任会计科科长不符合会计法律制度规定。根据我国会计法律制度规定，担任会计机构负责人，除取得会计从业资格证书外，还应当具备会计师以上专业技术资格或从事会计工作三年以上工作经历。王某自参加工作以来一直从事文秘工作，不可能具备从事会计工作三年以上工作经历。

5. 公司档案部门销毁会计档案的做法不符合会计法律规定。根据我国会计法律制度的规定，会计档案期满需要销毁的，要由本单位档案部门提出意见，会同会计部门共同进行审查和鉴定，并在此基础上编制会计档案销毁清册，并经单位负责人在会计档案销毁清册上签字。销毁会计档案时，应当由单位的档案部门和会计部门共同派人监销；销毁后，监销人应当在会计档案销毁清册上签名盖章，并将监销情况报告本单位负责人。

6. 该公司招聘的高级会计师需要办理会计从业资格调转手续。根据《会计从业资格管理办法》规定，从事会计工作的人员因调任等原因离开原工作单位且到其他地区继续从事会计工作的应当到原注册登记的会计从业资格管理机构办理调出手续，并于办理调出手续后90日内到新工作单位所在地区的会计从业资格管理机构重新办理注册登记手续。

7. 公司董事会作出关于对外报送财务会计报告的决定不符合会计法律制度规定。根据《会计法》的规定，企业对外报出的财务会计报告应当由企业负责人和主管会计工作的负责人、会计机构负责人签名并盖章。设置总会计师的企业，还应当由总会计师签名并盖章。

第九章参考答案

一、名词解释

1. 劳动者：劳动者是具有劳动能力，以从事劳动获取合法劳动报酬的自然人。

2. 用人单位：用人单位是指依法使用和管理劳动者并付给其劳动报酬的单位。在我国，用人单位包括依法成立的企事业单位、国家机关、社会团体和个体经济组织，具有用人权利能力和用人行为能力。

3. 劳动合同：劳动合同是劳动者和用人单位之间依法确立劳动关系，明确双方权利和义务的书面协议。

4. 集体合同：集体合同是指用人单为与本单位职工根据法律、法规、规章的规定，就劳动报酬、工作时间、休息休假、劳动安全卫生、保险福利等事项，通过集体协商签订的书面协议。在我国，集体合同主要是由代表劳动者的工会或职工代表与企业或事业单位签订。

5. 禁止同业竞争条款：禁止同业竞争条款即双方当事人可以在劳动合同中约定掌握用人单位商业秘密的劳动者在终止或解除劳动合同后一定期限内(一般不超过 3 年)，不能到与原用人单位生产同类产品或经营同类业务且有竞争关系的其他单位任职，也不得自己生产、经营同类产品或业务。做这种约定的同时，用人单位应给予劳动者一定的经济补偿。

二、填空题

1. 16　2. 10　3. 6　4. 30　5. 1　6. 6 个月
7. 3　8. 300%　9. 15

三、单项选择题

1. D　2. C　3. D　4. A　5. D

四、多项选择题

1. A B　2. A B　3. A C D　4. A B C D　5. A B C

五、判断题

1. √　2. ×　3. ×　4. ×　5. √　6. ×　7. √　8. ×　9. ×　10. ×

六、简答题

1. 答：《劳动法》调整的对象是劳动关系，但并非所有的劳动关系均由《劳动法》调整。《劳动法》调整的劳动关系是狭义的，即是劳动者与用人单位之间在实现劳动过程中发生的社会关系。其特征是：

（1）劳动关系的当事人是特定的，一方是劳动者，另一方是用人单位。

（2）劳动关系是在实现劳动过程中发生的社会关系。在我国，《劳动法》所调整的劳动关系产生于职业劳动、集体劳动、工业劳动过程中，非单位的个人雇佣关系和农业劳动关系、家庭成员的共同劳动关系不由《劳动法》调整。

（3）劳动关系具有人身关系、财产关系的属性。劳动者向用人单位提供劳动力，就是将其人身在一定限度内交给用人单位支配，因而劳动关系具有人身属性。劳动者有偿提供劳动力，用人单位向劳动者支付劳动报酬，所以劳动关系又具有财产关系的属性。

（4）劳动关系具有平等、从属关系的属性。在市场经济条件下，双方当事人在建立、变更或终止劳动关系时，是依照平等、自愿、协商原则进行的，因而劳动关系具有平等关系的属性。同时，劳动关系具有从属性，劳动关系一经确立，劳动者成为用人单位的职工，与用人单位存在身份、组织和经济上的从属关系，用人单位控制和管理劳动者，双方形成管理与被管理、支配与被支配的关系。

2. 答：劳动合同与劳务合同的区别：（1）合同双方当事人关系不同。劳务合同中双方当事人可以是自然人，也可以是法人，没有身份、经济、组织上的从属性；劳动合同主体特定，一方是劳动者，另一方是用人单位，劳动者从属于用人单位。（2）劳动支配权和劳动风险责任承担不同。劳务合同中劳务支配权在提供劳务者，劳动风险责任亦由提供劳务者自行承担；劳动合同中劳动支配权在用人单位，劳动风险由社会、用人单位、劳动者三方承担。（3）报酬性质和支付方式不同。劳务报酬根据劳务市场价格确定，由双方当事人约定，国家无强制性规定，支付方式一般为一次性或分批支付；劳动报酬根据劳动的数量和质量确定，由双方当事人约定，但须遵守国家最低工资等强制性规定。（4）法律调整不同，劳务合同关系由民法调整，劳动合同关系由《劳动法》调整。实践中，我国实行市场经济后，由于用工形式多样化，如小时工、非全时工、劳务派遣工、承包承揽工等，使劳务合同与劳动合同难区别。

3. 答：劳动合同的内容具体表现为劳动合同的条款，一般分为必备条款和可备条款。

必备条款。必备条款是法律规定的生效劳动合同必须具备的条款。根据

《劳动法》的规定，劳动合同必须具备以下条款：劳动合同期限，工作内容，劳动保护和劳动条件，劳动报酬，劳动纪律，劳动合同终止的条件，违反劳动合同的责任。

可备条款。可备条款是法律规定的生效合同可以具备的条款。当事人可以协商约定可备条款，缺少可备条款不影响劳动合同的成立。根据我国《劳动法》的规定，可备条款包括：

（1）试用期条款。对试用期，我国《劳动法》作了限制性规定：劳动合同的期限在6个月以下的，试用期不得超过15日；劳动合同的期限在6个月以上1年以下的，试用期不得超过30日；劳动合同的期限在1年以上2年以下的，试用期不得超过60日；劳动合同的期限在2年以上的，试用期不得超过6个月。试用期应当包括在劳动合同期限内，即试用期不在合同期限之外单独计算。例如，为期3年的劳动合同，合同约定试用期3个月，则从合同生效之日起满3年合同期满。试用期也是在合同的正式履行期内，所用的条款都有效适用。

（2）保守商业秘密和专有技术秘密条款。双方当事人可以在劳动合同中约定在劳动关系存续期间劳动者负有保守用人单位商业秘密和专有技术秘密的义务，一般还可以约定在终止劳动关系后的一年以内劳动者继续承担保守原用人单位商业秘密和专有技术秘密的义务。

（3）禁止同业竞争条款。即双方当事人可以在劳动合同中约定掌握用人单位商业秘密的劳动者在终止或解除劳动合同后一定期限内（一般不超过3年），不能到与原用人单位生产同类产品或经营同类业务且有竞争关系的其他单位任职，也不得自己生产、经营同类产品或业务。做这种约定的同时，用人单位应给予劳动者一定经济补偿。

其他可备条款还有第二职业条款，违约金和赔偿金条款，补充保险、福利条款等。

4. 答：用人单位单方解除劳动合同有三种情况：

（1）即时解除。

根据《中华人民共和国劳动合同法》（以下简称《劳动合同法》）第三十九条的规定，劳动者有下列情形之一的，用人单位可以解除劳动合同：①在试用期间被证明不符合录用条件的；②严重违反用人单位的规章制度的；严重失职，营私舞弊，给用人单位造成重大损害的；③劳动者同时与其他用人单位建立劳动关系，对完成本单位的工作任务造成严重影响，或者经用人单位提出，拒不改正的；④因本法第二十六条第一款第一项规定的情形致使劳动合同无效的；⑤被依法追究刑事责任的。

（2）预告解除。

根据《劳动合同法》第四十条的规定，有下列情形之一的，用人单位提前三十日以书面形式通知劳动者本人或者额外支付劳动者一个月工资后，可以解除劳动合同：①劳动者患病或者非因工负伤，在规定的医疗期满后不能从事原工作，也不能从事由用人单位另行安排的工作的；②劳动者不能胜任工作，经过培训或者调整工作岗位，仍不能胜任工作的；③劳动合同订立时所依据的客观情况发生重大变化，致使劳动合同无法履行，经用人单位与劳动者协商，未能就变更劳动合同内容达成协议的。

(3) 裁员。

根据《劳动合同法》第四十一条的规定，有下列情形之一，需要裁减人员二十人以上或者裁减不足二十人但占企业职工总数百分之十以上的，用人单位提前三十日向工会或者全体职工说明情况，听取工会或者职工的意见后，裁减人员方案经向劳动行政部门报告，可以裁减人员：①依照企业破产法规定进行重整的；②生产经营发生严重困难的；③企业转产、重大技术革新或者经营方式调整，经变更劳动合同后，仍需裁减人员的；④其他因劳动合同订立时所依据的客观经济情况发生重大变化，致使劳动合同无法履行的。

5. 答：劳动者解除劳动合同有三种情况：

(1) 预告解除

根据《劳动合同法》第三十七条的规定，劳动者提前三十日以书面形式通知用人单位，可以解除劳动合同。劳动者在试用期内提前三日通知用人单位，可以解除劳动合同。

(2) 随时通知解除

根据《劳动合同法》第三十八条的规定，用人单位有下列情形之一的，劳动者均可以解除劳动合同，并可取得经济补偿：①未按照劳动合同约定提供劳动保护或者劳动条件的；②未及时足额支付劳动报酬的；③未依法为劳动者缴纳社会保险费的；④用人单位的规章制度违反法律、法规的规定，损害劳动者权益的；⑤因《劳动合同法》第二十六条第一款规定的情形致使劳动合同无效的；⑥法律、行政法规规定劳动者可以解除劳动合同的其他情形。

(3) 无需通知解除

用人单位以暴力、威胁或者非法限制人身自由的手段强迫劳动者劳动的，或者用人单位违章指挥、强令冒险作业危及劳动者人身安全的，劳动者可以立即解除劳动合同，不需事先告知用人单位。

七、案例分析

第1题

由于周贷兰只是经过保姆中介就业，不是保姆中介所委派工作的，劳动争议仲裁委员会认为其与保姆职介所没有隶属关系，不属于劳动争议范畴。因此，仲裁机构不会受理，周贷兰无法进入劳动争议法律处理程序。后周贷兰在社会帮助下解决了医药费问题。

此案反映了一个问题，即家政服务雇佣关系是否属于《劳动法》调整的劳动关系。根据我国目前《劳动法》的有关规定，用人单位是“单位”，不是自然人，自然人之间的雇佣关系不由《劳动法》调整，本案也就不属于劳动争议法律处理范畴。但并不是所有的家政服务关系均不由《劳动法》调整，有三种不同情况：一是居民家庭直接雇用家政服务员，居民与家政服务员形成雇佣关系；二是家政服务公司雇佣家政服务员，与家政服务员签订劳动合同或虽未签订劳动合同，家政服务员接受家政服务公司的培训、管理，向公司上缴管理费，公司和个人依法缴纳社会保险费用，家政服务员以家政服务公司员工的名义为居民提供家政服务；三是居民与家政服务员通过家政中介服务公司建立雇佣关系，居民与家政服务员按约定向中介服务公司支付一定中介费用。其中第二种符合劳动关系的特点，即家政服务公司是劳动法意义上的用人单位，与家政服务员有控制管理关系。而其他两种属于雇佣关系，不由我国《劳动法》调整，而由民法调整。目前，我国《劳动法》的调整范围过窄，相信随着《劳动法》的不断健全和完善，其调整的劳动关系范畴会不断扩大。

第2题

不符合，有六处：（1）试用期不得超过6个月；（2）试用期内王某可以单方解除劳动合同；（3）试用期满后，王某要求解除劳动合同时，需要提前30天通知宾馆；（4）宾馆不得以效益不好为由解除劳动合同；（5）王某在宾馆工作期间有权结婚生育；（6 ）签订劳动合同，宾馆不得收取保证金。

第3题

仲裁委员会最终裁决李某退还已领取的工资，并赔偿佩里公司的经济损失。李某的行为已经违背了劳动合同的保密条款和禁止同业竞争条款。劳动关系兼具财产性、人身性、平等性与隶属性，劳动者对用人单位负有全心全意维护其利益的忠诚义务。在职期间对单位忠诚、遵守“竞业禁止”义务、保守单位的商业秘密等，是每个劳动者必须遵守的义务，也是对每一个讲诚实、守信用的经济人的基本要求。违反这些义务，不仅可能失去工作，而且会因此付出巨额的经济赔偿。

第4题

5月1日加班1天加班费至少为：120元× 300% =360元

5月16日延长工作时间1小时加班费至少为：120元/8 ×150% = 22.5元

5月25日加班1天加班费至少为：120元×200% =240元

所以，李某5月至少应得加班费共622.5元。

第十章参考答案

一、名词解释

1. 仲裁：仲裁也称公断，是一种根据双方当事人自愿而采取的争议解决方法，即在争议发生之前或者发生之后，当事人在自愿基础上达成书面仲裁协议，将协议所约定的争议提交约定的仲裁机构进行审理，并由其作出具有约束力的仲裁裁决的一种争议解决方式。

2. 仲裁协议：仲裁协议是指各方当事人自愿将他们之间可能或已经发生的争议提请仲裁机构予以裁决的意思表示。

3. 地域管辖：地域管辖是指同级人民法院之间受理第一审民事案件的分工和权限。

4. 专属管辖：专属管辖是指法律规定某类案件只能由特定的人民法院管辖，其他人民法院无管辖权，当事人也不能协议变更管辖法院。

5. 第三人：第三人是指对他人之间的诉讼标的有独立的请求权，或者虽没有独立的请求权，但与诉讼结果有法律上的利害关系，因而参加到他人已经开始的民事诉讼中来，以维护自身合法权益的人。

二、填空题

1. 监护　继承
2. 仲裁协议　不予受理
3. 市　行政区划
4. 无效　仲裁庭
5. 起诉 仲裁协议
6. 必要共同诉讼
7. 裁定　上诉
8. 裁定　抗诉
9. 诉讼代理
10. 法定代理　委托代理

三、单项选择题

1. D　2. B　3. C　4. A　5. B　6. D　7. A　8. C　9. C　10. B
11. C　12. A　13. A　14. B　15. C　16. C　17. B　18. B　19. B　20. A

四、多项选择题

1. A B C D　2. A B C D　3. A B C　4. A B C D
5. A B C D　6. A B C D　7. A B D　8. B C D
9. A B C　10. B D

五、判断题

1. ×　2. ×　3. ×　4. ×　5. √　6. ×　7. ×　8. √　9. ×　10. √

六、简答题

1. 答：仲裁不同于民事诉讼，具有以下特征：

（1）自愿性；（2）专业性；（3）灵活性；（4）保密性；（5）独立性。

2. 答：仲裁的基本制度，是指仲裁组织和仲裁参与人进行仲裁活动的基本规程。仲裁制度主要有：

（1）协议仲裁制度

仲裁协议是整个仲裁制度的基石。仲裁机构只能根据有效的仲裁协议对当事人提交的纠纷行使管辖权，仲裁协议是仲裁机构审理仲裁案件并作出对当事人有约束力的仲裁裁决的法律依据。

（2）或裁或审制度

仲裁与诉讼是两种不同的争议解决方式。因此，当事人之间发生的争议只能在仲裁或者诉讼中选择其一加以采用，有效的仲裁协议即可排除法院的管辖权，只有在没有仲裁协议或者仲裁协议无效的情况下，法院才可以行使管辖权。

（3）一裁终局制度

我国仲裁法明确规定，仲裁实行一裁终局制度，即裁决作出后即发生法律效力，即使当事人对裁决不服，也不能再就同一争议向法院起诉，同时也不能再向仲裁机构申请仲裁。当事人对裁决应当自动履行，否则对方当事人有权申请人民法院强制执行。

3. 答：仲裁庭可以由三名仲裁员或者一名仲裁员组成。由三名仲裁员组成的，设首席仲裁员。当事人约定由三名仲裁员组成仲裁庭的，应当各自选定或者各自委托仲裁委员会主任指定一名仲裁员，第三名仲裁员由当事人共同选定或者共同委托仲裁委员会主任指定。第三名仲裁员是首席仲裁员。当事人约定由一名仲裁员成立仲裁庭的，应当由当事人共同选定或者共同委托仲裁委员会主任指定仲裁员。当事人没有在仲裁规则规定的期限内约定仲裁庭的组成方式或者选定仲裁员的，由仲裁委员会主任指定。仲裁庭组成后，仲裁委员会应当将仲裁庭的组成情况书面通知当事人。

4. 答：根据我国仲裁法的规定，仲裁委员会应当从公道正派的人员中聘任仲裁员。仲裁员应当符合下列条件：

（1）从事仲裁工作满 8 年；

（2）从事律师工作满 8 年；

（3）曾任审判员满 8 年；

（4）从事法律研究、教学工作并具有高级职称的；

（5）具有法律知识、从事经济贸易等专业工作并具有高级职称或者具有同等专业水平的。

5. 答：审判监督程序，又称再审程序，是指人民法院对已经发生法律效力的判决、裁定，发现确有错误，依法对案件进行再审的程序。

第二审程序，是指民事诉讼当事人不服地方各级人民法院的第一审裁判，在法定期限内通过第一审法院向上一级人民法院提起上诉，上一级人民法院对案件进行审理所适用的程序。

二者的区别在于：审判监督程序针对的是已生效的判决，二审程序针对的是未生效判决；审判监督程序提起的方式有三种，即人民法院的审判监督、人民检察院的法律监督和当事人的申诉，二审程序提起的方式是当事人的上诉；在审判监督程序如果发现已生效的判决确有错误可依法改判，当事人不服可提起二审程序，二审程序是终审程序，判决由此产生效力。

七、案例分析

第 1 题

本案中有如下程序错误：

1. 仲裁委员会应在收到仲裁申请书之日起 5 日内作出受理或不受理的决定。本案中仲裁委员会从收到申请书到受理申请之间间隔 10 日违反程序。

2. 当事人应当各自选定或者各自委托仲裁委员会主任指定一名仲裁员，第三名仲裁员由当事人共同选定或共同委托仲裁委员会主任指定。本案中，灯具商场独自委托仲裁委员会主任指定首席仲裁员的做法违背程序。

3. 灯具商场所委托的仲裁员是其上级公司的法律顾问，属于《仲裁法》第三十四条第三项规定与本案当事人有其他关系，可能影响公正仲裁的情形，所以，即使当事人未提出申请，仲裁员也应自行回避。

4. 仲裁开庭的基本原则是不公开审理，本案当事人既未提出申请，就应不公开审理。所以，仲裁员公开开庭的作为也是违背程序的。

5. 仲裁庭还应当审查灯具商场的主体资格，如果其无营业执照，则无独立责任能力，就不能成为合适的仲裁主体。本案中，仲裁庭疏于审查也是违反程序的。

第 2 题

1. 本案中，仲裁委员会可以受理此案。因为《仲裁法》第五条规定：

“当事人达成仲裁协议，一方向人民法院起诉的，人民法院不予受理，但仲裁协议无效的除外。”本案双方当事人已达成书面仲裁协议，因此人民法院对于乙公司的起诉不予受理是正确的，仲裁委员会有权受理此案。

2. 双方当事人在纠纷发生后达成的书面仲裁协议能成立。《仲裁法》第十六条规定：“仲裁协议包括合同中订立的仲裁条款和以其他书面方式在纠纷发生前或纠纷发生后达成的请求仲裁的协议。”因此，本案中双方当事人在纠纷发生后达成的书面仲裁协议是成立的。

3.《仲裁法》第二十条规定：“当事人对仲裁协议的效力是有异议的，可以请求仲裁委员会作出决定或者请求人民法院作出裁定。”因此，本案中若乙公司提出仲裁协议无效，可以选择仲裁委员会或人民法院作出决定或裁定。

第3题

1. 甲县法院有管辖权。从本案案情来看，虽然在加工承揽合同中双方当事人约定可以向乙县和丁县人民法院起诉，但由于其约定了两个管辖法院，不符合《民事诉讼法》关于协议管辖选择的法院应是确定的、唯一之规定，因此该协议管辖的条款无效。甲县为被告住所地，依民事诉讼法之规定，甲县法院对本案有管辖权。

2. 乙县法院无管辖权。本案中双方当事人达成的协议管辖条款不具有法律效力，因此即使乙县是合同签订地，该县法院也无管辖权。

3. 丙县法院有管辖权。因为合同中的协议管辖条款无效，同时，《民事诉讼法》第二十四条规定：“因合同纠纷提起的诉讼，由被告住所地或者合同履行地人民法院管辖”。本案中，丙县为合同履行地，因此丙县法院有管辖权。

4. 丁县法院没有管辖权。《民事诉讼法》第二十五条规定：“合同的双方当事人可以在书面合同中协议选择被告住所地、合同履行地、合同签订地、原告住所地、标的物所在地人民法院管辖，但不得违反本法对级别管辖和专属管辖的规定。”本案中，丁县既非被告住所地或合同履行地，也非合同签订地、原告住所地、标的物所在地，与合同无任何联系，因此合同中协议选择丁县法院管辖是不符合我国法律规定的，因此丁县法院没有管辖权。

5. 此纠纷应当通过诉讼解决。因为《仲裁法》第十条规定：“仲裁委员会可以在直辖市和省、自治区人民政府所在地的市设立，不按行政区划层层建立。”因此，在我国县一级不设立仲裁委员会，合同中丁县的仲裁委员会是根本不存在的，故本案只能通过诉讼解决。

第4题

本案中，王甲是原告，刘某是被告，王乙是有独立请求权的第三人。本案中，王甲与刘某因房屋买卖发生纠纷，王甲向法院提起诉讼，要求刘某付款并付违约金，因此，王甲是原告，刘某是被告。在诉讼中，王乙对王甲、刘某争议的房屋主张部分的独立请求权，认为两间房屋是他的，因而是有独立请求权的第三人。在王乙参加的诉讼中，王乙是原告，王甲和刘某是被告，就整个案件来说，王乙是有独立请求权的第三人。

第 5 题

二审法院不能裁定撤销原判，发回重审。根据《民事诉讼法》的规定，二审法院对上诉案件，经过审理认为原判决认定事实清楚，但适用法律有错误的，应当依法改判，所以本案中二审法院的做法是不符合法律规定的。

主要参考文献

1. 白光．商标案例与评析．北京：企业管理出版社，1996.

2. 中国专利局专利工作管理部．中国专利纠纷案例选编．北京：专利文献出版社，1997.

3. 谈建俊．新经济法判解．北京：中国民主法制出版社，2002.

4. 俞里江．合同法典型案例．北京：中国人民大学出版社，2003.

5. 张德实．经济法实务．北京：高等教育出版社，2003.

6. 史树林，阳平．实用经济法．北京：中国财经出版社，2004.

7. 刘剑文．经济法课程随堂测试．北京：法律出版社，2005.

8. 法律考试中心．2005 年司法考试辅导用书．北京：法律出版社，2005.

9. 会计从业资格考试辅导教材编写组．财经法规与会计职业道德．北京：中国财经政法经济出版社，2005.

图书在版编目(CIP)数据

经济法课程随堂练习/王丽萍主编．—2版．—成都：西南财经大学出版社，2011.7
ISBN 978-7-5504-0352-9

Ⅰ.①经…　Ⅱ.①王…　Ⅲ.①经济法—中国—高等学校—习题集
Ⅳ.①D922.29-44

中国版本图书馆CIP数据核字(2011)第145399号

经济法课程随堂练习(第二版)
主编：王丽萍

责任编辑：刘佳庆
封面设计：杨红鹰
责任印制：封俊川

出版发行	西南财经大学出版社(四川省成都市光华村街55号)
网　　址	http://www.bookcj.com
电子邮件	bookcj@foxmail.com
邮政编码	610074
电　　话	028-87353785　87352368
印　　刷	四川森林印务有限责任公司
成品尺寸	170mm×240mm
印　　张	9
字　　数	165千字
版　　次	2012年11月第2版
印　　次	2012年11月第1次印刷
印　　数	1—2000册
书　　号	ISBN 978-7-5504-0352-9
定　　价	18.00元